VERDI: FALSTAFF

Opera en Tres Actos

Traducción al Español y Comentarios
por E.Enrique Prado

Libreto de Arrigo Boito

Jugum Press

Primera edición impresa: Octubre de 2016
ISBN-13: 978-1-939423-53-5

ISBN-10: 1-939423-53-8

Estudio de Compositor Giuseppe Verdi
de Wikimedia Commons – en.wikipedia.org
(en el dominio público en los Estados Unidos y otros países)

Impreso en los Estados Unidos de América
Publicado por Jugum Press
www.jugumpress.com

Edición y diseño:
Annie Pearson, Jugum Press
Consultas y correspondencia:
jugumpress@outlook.com

Índice

Prefacio ജ Falstaff

Si Verdi rodeó de misterio y de secreto la composición de *Otello*, eso no fue nada comparado con *Falstaff*, su última obra que según el autor la escribió únicamente para su propio placer y sin ninguna intención de presentarla al público.

Arrigo Boito fue contratado por Verdi para escribir el libreto, y éste se basó en dos obras de William Shakespeare: *Enrique IV* y *Las Alegres Comadres de Windsor*. Verdi siempre deseó escribir una ópera cómica, pero él deseaba que fuera una obra extensa, probablemente debido a que en una ocasión Rossini expresó sus dudas de que Verdi fuera capaz de escribir una.

Verdi en ese entonces contaba con 79 años de edad y cierto día de Julio de 1889, cuando estaba en los baños de Montecatini, llegó por correo el boceto de Boito para el libreto de *Falstaff*, Verdi lo aceptó inmediatamente. Falstaff era uno de sus personajes shakesperianos favoritos y hacía años que deseaba crear una comedia. Dos días después escribió a Boito que se encontraba en Milán, para quejarse de que ya era muy viejo y que probablemente no terminaría la obra, pero no pudo evitar traicionarse y con letras mayúsculas escribió:

> "Que alegría...diremos al público:
> ¡AQUI ESTAMOS DE NUEVO! ...
> ¡VENGAN A VERNOS!"

A vuelta de correo Boito le dijo: "No creo que componer una ópera cómica lo fatigue. Al escribir una tragedia el autor sufre intensamente, el pensamiento origina un dolor que agita mucho los nervios, pero la broma y la risa de una comedia alivian la mente y el cuerpo."

La respuesta de Verdi llegó a Boito por correo y decía:

> "Querido Boito:
> ¡Amén y así sea! ¡Entonces hagamos Falstaff!
> ¡No pensemos ahora en los obstáculos ni en mi edad ni en mis enfermedades! ¡Pero deseo que el asunto se mantenga en el más profundo secreto pero espere, creo que Peppina lo sabía incluso antes que nosotros! Pero no se preocupe, ella conservará el secreto; cuando las mujeres tienen talento para los secretos, esa cualidad incluso es más sólida que en nosotros."

Strepponi guardó muy bien el secreto, durante dos años rechazó todas las preguntas, ni siquiera Ricordi el editor de Verdi, supo de la nueva ópera y como la mayoría de la gente pensaba que a los 74 años la carrera de Verdi hacia terminado con su *Otello*. Durante esos años Verdi trabajó en *Falstaff* no más de dos horas diarias.

El estreno de *Falstaff* el 9 de Febrero de 1893 en La Scala fue uno de los grandes acontecimientos operísticos de la época. La representación no fue perfecta, tuvo fallas debidas a la orquesta, y hubo errores de los cantantes en la ejecución de la escena final en el Parque de Windsor. De todos modos estas imperfecciones no disimularon el hecho de que una nueva obra maestra había sido agregada a la ópera italiana y los críticos extranjeros así lo afirmaron con entusiasmo.

La excitación no concluyó en La Scala, Verdi aceptó acompañar la producción hasta Roma y dirigir los ensayos a pesar de que sabía que se iba a exponer a una estruendosa recepción, se sentía realmente feliz con el éxito de su obra. Verdi llegó a Roma a las 11:38 de la noche para pasar desapercibido, pero lo esperaba el alcalde de la ciudad y una estruendosa multitud. Fue llevado al Hotel Quirinale, las multitudes llenaron la calle y no se retiraron sino hasta que el compositor salió a la ventana para saludarlas. Más tarde el hotel fijó una placa para conmemorar esa noche, decía:

> "En ésta habitación Giuseppe Verdi se refugió del impetuoso entusiasmo de la multitud a su llegada a Roma el 13 de abril de 1893."

La placa se conserva en el Museo de Roma. La noche del estreno en Roma, al final del segundo acto, Verdi fue invitado al palco real y allí, el rey Umberto, a la vista de todo el público lo presentó a la reina Margherita, después los soberanos lo llevaron hasta el frente del palco y ellos mismos se retiraron.

Finalmente todo terminó y Strepponi y Verdi regresaron a su casa en Sant'Agata. Verdi vio como La Scala utilizando orquestas locales, recorría la mayor parte de Italia y después iba a Viena y Berlín. En 1894 se presentó en Covent Garden y al año siguiente en el Met de Nueva York.

Traducción y comentarios por
E. Enrique Prado Alcalá
Tepoztlán, Junio de 2000

Sinopsis ❧ Falstaff

ACTO PRIMERO

La escena es en Windsor en la época del rey Henry IV.

Sir John Falstaff está cenando en el Garter Inn. Entra el Dr. Cajus y acusa a Falstaff de haber irrumpido en su hogar y haber golpeado a sus sirvientes. Falstaff ignora al doctor, pero finalmente admite haber hecho aquello de lo que se le acusa y le aconseja a Cajus que no haga nada al respecto. El Dr. Cajus también acusa a Bardolph y Pistol, los secuaces de Falstaff, de haberlo robado la noche anterior mientras se encontraban ebrios; Falstaff con burlona solemnidad, escucha el caso y emite su decisión: La acusación de Cajus es infundada, luego reprende a los dos pillos, no por la ofensa sino por haberla cometido con torpeza.

Después ya calmadamente Falstaff comenta con Bardolph y Pistol que él es el objeto de los afectos de dos damas de Windsor—Alice Ford y Meg Page. Él les ordena que lleven sendas cartas a las dos damas, pero ellos se rehúsan por considerarlo poco digno. Falstaff entrega las cartas a un paje para que las lleve y les recita a sus dos secuaces en forma irónica el Monólogo acerca del Honor.

La escena cambia al jardín de la casa de Alice Ford. Las cartas han llegado y al compararlas, Meg y Alice las encuentran idénticas. Nannetta la hija de Alice y Mistress Quickly se unen a aquellas en un plan para bromear a Falstaff. Ellas salen y entra Ford junto con Bardolph, Pistol, el Dr. Cajus y Fenton. Ellos asedian a Ford con la noticia del plan de Falstaff para seducir a su esposa Alice; Ford promete estar muy pendiente del asunto. Los demás se retiran, mientras Nannetta (cuyo padre quiere casarla con el viejo Dr. Cajus) se queda atrás con su amado Fenton y ambos se besan. Las señoras han perfeccionado su plan: Mistress Quickly será la intermediaria entre Alice y Falstaff. Mr. Ford también ha preparado un plan: bajo un nombre falso, él llamará a Falstaff para investigar cómo van progresando sus planes. Los señores y las damas se reúnen y el acto termina cuando Mistress Quickly sale rumbo al Garter Inn.

ACTO SEGUNDO

Mistress Quickly llega al Garter Inn con mensajes para Falstaff de Alice y Meg. Alice le dice en su mensaje que su esposo está fuera de casa todas las tardes desde las dos hasta las tres. Por lo contrario Meg dice en su mensaje que su esposo casi nunca está ausente. Ford es anunciado con el nombre de Fontana, y le pide a

Falstaff ayuda para cortejar a Alice (le da a Falstaff una bolsa de oro). El gordo caballero le asegura que él mismo tiene una cita con Mistress Ford dentro de una hora y que así arreglará todo.

La escena se mueve a casa de Mr. Ford. Las damas están listas para Falstaff: Los sirvientes entran con una canasta llena de ropa sucia. "Cuando yo les diga, les dice Alice, vacíen la canasta en el canal. Llega Falstaff e inicia su impetuoso cortejo hacia Alice, entra Meg y dice que Ford ha llegado, Falstaff se esconde detrás de un biombo. Mr. Ford llega acompañado del Dr. Cajus, Pistol, y Bardolph. Los hombres se separan para registrar la casa, las damas meten a Falstaff en la canasta de la ropa sucia. Regresa Ford y escucha el chasquido de un beso detrás del biombo, furioso llama a sus compañeros y derriba el biombo, solo para encontrar a su hija Nannetta y a Fenton el muchacho a quien le tenía prohibido ver. Alicia llama a los sirvientes y les ordenas vaciar la canasta en el canal. Alicia lleva de la mano a su esposo hacia la ventana para que vea cómo vacían la cesta en el canal.

ACTO TERCERO

Encontramos de nuevo a Falstaff en el Garter Inn, triste después de su experiencia en la casa de Ford, pide una copa de vino. Mistress Quickly llega con una carta de Alice, pidiendo una cita a la media noche, Falstaff cae en la trampa. Él debe ir a Windsor Park disfrazado como el Cazador Negro y esperar a Alice en Roble de Heme. Los demás llegan para platicar sobre los detalles de la nueva broma para Falstaff. Ford le promete al Dr. Cajus que cuando la diversión termine 61 podrá casarse con Nannetta. En la siguiente escena en el Roble de Heme encontramos a Nannetta disfrazada como la Reina de las Hadas y a Fenton envuelto en una capa negra. Ellos se retiran al sonar las doce. Llega Falstaff para encontrarse con Alice, llega Meg que grita que las hadas están llegando, Falstaff cae al piso aterrorizado y esconde su cara, ya que el mirar a las hadas significa la muerte.

Entran todos disfrazados de hadas, duendes y brujas, caen sobre Sir John, se burlan de él, lo pinchan, hasta que pide clemencia y promete enmendarse, en eso se le cae la máscara a Bardolph y el gordo personaje se da cuenta de que se trata de una broma. Nannetta y Fenton previamente mezclaron los disfraces y así encontramos a Bardolph vestido de hada tomado de la mano con el Dr. Cajus. Nannetta disfrazada de ninfa entra con Fenton en su manto negro. Ford une a las dos parejas en matrimonio y todos se quitan las máscaras. Para horror de Cajus y vergüenza de Ford, éste último descubre que ha casado a su hija con Fenton, pero ahora si acepta al muchacho y bendice a la feliz pareja. La ópera termina con el aria "Todo en el mundo es burla."

FIN

Reparto ❧ Falstaff

SIR JOHN FALSTAFF, Rico y obeso caballero — Barítono

FORD, Esposo de Alice — Barítono

FENTON, Novio de Nannetta — Tenor

DR. CAJUS, Pretendiente de Nannetta — Tenor

BARDOLPH, Secuaz de Falstaff — Tenor

PISTOL, Secuaz de Falstaff — Tenor

MISTRESS ALICE FORD, Esposa de Ford — Soprano

MISTRESS QUICKLY, Amiga de Alice — Mezzosoprano

MISTRESS MEG PAGE, Amiga de Alice — Mezzosoprano

NANNETTA, Hija de Alice y Ford — Soprano

El anfitrión de la Liga
Robin, página de Falstaff
Burgueses y plebeyos, siervos de Ford, disfraces de hadas, hadas as brujas, etc.

La escena se desarrolla en Windsor durante el reinado de Enrique IV.

Acto Primera

PRIMERA PARTE

La sala de The Garter Inn. Una mesa, un sillón, un banco.
Sobre la mesa los restos de una comida, algunas botellas y un vaso.
Un tintero, plumas, papel, una vela encendida. Atras una puerta y otra a la izquierda.
Falstaff está derritiendo cera en una vela para sellar dos cartas,
las sella con su anillo y apaga la velase recarga en su silla y comienza a beber.

DR CAJUS
Falstaff!

Gritando amenazador al entrar.
1.   ¡Falstaff!

Sin poner atenciòn a Cajus, llama al mesero que se acerca.

FALSTAFF
Olá!

2.   ¡Hey!

DR CAJUS
Sir John Falstaff!

3.   ¡Sir John Falstaff!

BARDOLPH
Oh! Che vi piglia?

Al doctor.
4.   ¡Oh! ¿Que le pasa?

DR CAJUS
Hai battuto i miei servi!

Gritando y acercándose a Falstaff.
5.   ¡Has golpeado a mis sirvientes!

FALSTAFF
Oste! Un'altra bottiglia di Xeres.

Al hostelero.
6.   ¡Hostelero! Otra botella de jerez.

DR CAJUS
Hai fiaccata la mia giumenta baia,
sforzata la mia casa.

7.   Has lastimado a mi jumenta baya,
y entraste a la fuerza en mi casa.

FALSTAFF
Ma non la tua massaia.

8.   Pero no a tu ama de casa.

DR CAJUS
Troppa grazia!
Una vecchia cisposa.
Ampio Messere, se foste venti volte
John Falstaff Cavaliere vi forzerò
a rispondermi.

FALSTAFF
Ecco la mia risposta:
Ho fatto ciò che hai detto.

DR CAJUS
E poi?

FALSTAFF
L'ho fatto apposto.

DR CAJUS
M'appellerò al Consiglio Real.

FALSTAFF
Vatti con Dio.
Sta zitto
o avrai le beffe;
quest'è il consiglio mio.

DR CAJUS
Non è finita!

FALSTAFF
Al diavolo!

DR CAJUS
Bardolfo!

BARDOLPH
Ser Dottore.

DR CAJUS
Tu, ier m'hai fatto bere.

BARDOLPH
Pur troppo! E che dolore!

Sto mal. D'un tuo pronostico m'assisti.
Ho l'intestino guasto.
Malanno agli osti
che dan la calce el vino!
Vedi questa meteora?

DR CAJUS
La vedo.

9. ¡Muchas gracias!
Una vieja lagañosa.
Ancho Señor, si tu fueras veinte veces
John Falstaff Caballero, te forzarla
a responderme.

10. He aquí mi respuesta:
He hecho lo que has dicho.

11. ¿Y luego?

12. Lo he hecho a propósito.

13. Apelaré al Consejo Real.

14. Ve con Dios.
Quédate callado
o serás la burla;
de éste Consejo mío.

15. ¡No he terminado!

16. ¡Al diablo!

17. ¡Bardolph!

18. Doctor.

19. Ayer tú me emborrachaste.

20. ¡Muy mal! ¡Y qué dolor!
Le permite al doctor que le tome el pulso.
Estoy mal. Hágame su pronóstico.
Tengo mi intestino arruinado.
¡Malditos los hosteleros
que le ponen cal al vino!
¿Ve éste meteoro?

21. Lo veo.

BARDOLPH
Essa si corca rossa cosi ogni notte.

DR CAJUS
Pronostico di forca!
M'hai fatto ber, furfante, con lui.

Narrando frasche,
poi, quando fui ben ciùschero,
m'hai vuotate le tasche.

BARDOLPH
Non io.

DR CAJUS
Chi fu?

FALSTAFF
Pistola!

PISTOL
Padrone!

FALSTAFF
Hai tu vuotate
le tasche a quel Messere?

DR CAJUS
Certo fu lui. Guardate.
Come s'atteggia al niego
quel ceffo da bugiardo!

Qui c'eran due scellini
del regno d'Edoardo
e sei mezzo-corone.
Non ne riman più segno.

PISTOL
Padron, chiedo di battermi
con quest'arma di legno.

Vi smentisco!

DR CAJUS
Bifolco! Tu parli a un gentiluomo!

PISTOL
Gonzo!

22.   Se pone rojo todas las noches.

23.   ¡Pronóstico de horca!
        Me has hecho beber, bribón, con él.
              Señalando a Pistol.
        Diciendo tonterías,
        luego, cuando estaba ebrio,
        me vaciaron los bolsillos.

24.   Yo no.

25.   ¿Quién fue?

26.   ¡Pistol!

27.   ¡Patrón!

28.   ¿Has vaciado tú
        los bolsillos de ese señor?

29.   Cierto, fue él. ¡Mira,
        ¡Como se apresta a negarlo
        ese feo mentiroso!

Vaciando un bolsillo de su chaqueta.
        Aquí había dos chelines
        y seis medias coronas del reino de Eduardo.
        No quedan señas de ellos.

        A Falstaff mientras dignamente toma una escoba.
30.   Patrón, quiero batirme
        con ésta arma de madera.
              Al doctor.
        ¡Usted miente!

31.   ¡Patán! ¡Le hablas a un caballero!

32.   ¡Tonto!

13

DR CAJUS
Pezzente!

33. ¡Pordiosero!

PISTOL
Bestia!

34. ¡Bestia!

DR CAJUS
Can!

35. ¡Perro!

PISTOL
Vil!

36. ¡Vil!

DR CAJUS
Spauracchio!

37. ¡Espantapájaros!

PISTOL
Gnomo!

38. ¡Gnomo!

DR CAJUS
Germoglio di mandragora!

39. ¡Brote de mandrágora!

PISTOL
Chi?

40. ¿Quién?

DR CAJUS
Tu.

41. Tu.

PISTOL
Ripeti!

42. ¡Repite!

DR CAJUS
Si.

43. Si.

PISTOL
Saette!

44. ¡Saeta!

FALSTAFF
Ehi lá! Pistola! Non scaricarti qui.

45. ¡Ahí! Pistol! No te exaltes.
Pistol se contiene, Falstaff llama a Bardolph.

Bardolfo!
Chi ha vuotato le tasche a quel Messere?

¡Bardolph!
¿Quién vació los bolsillos de ese señor?

DR CAJUS
Fu l'un dei due.

46. Fue uno de ellos.

BARDOLPH
Costui beve, poi pel gran bere
perde i suoi cinque sensi,
poi ti narra una favola
ch'egli ha sognato mentre dormi sotto
la tavola.

Señalando a Cajus.
47. Él bebe, después de tanto beber
pierde sus cinco sentidos,
después te narra una fábula
que él ha soñado mientras dormía
debajo de la mesa.

FALSTAFF
L'odi?
Se ti capaciti
del ver tu sei sicuro.
I fatti son negati.
Vattene in pace.

DR CAJUS
Giuro che se mai m'ubbriaco ancora all'osteria
sarà fra gente onesta,
sobria, civile e pía.

BARDOLPH, PISTOL
Amen.

FALSTAFF
Cessi l'antifona.
La urlate in contrattempo.
L'arte sta in questa massima:
"Rubar con garbo e a tempo."
Siete dei rozzi artisti.

BARDOLPH, PISTOL
A...

FALSTAFF
Sei polli, sei scellini
trenta giarre di Xeres, due lire
tre tacchini.

Fruga nella mia borsa.
Due fagiani, un'acciuga.

BARDOLPH
Un mark, un mark, un penny.

FALSTAFF
Fruga.

BARDOLPH
Ho frugato.

FALSTAFF
Fruga!

BARDOLPH
Qui non c'è più uno spicciolo.

Al Dr. Cajus.
48. ¿Lo oyes?
Si recapacitas
estarás seguro de la verdad.
Los hechos son negados.
Ve en paz.

49. Juro que si me embriago de nuevo
en la hostería será
entre gente honesta,
sobria, civilizada y pía.

Sale.

50. Amen.

51. Que cese la antífona.
Los gritos en contratiempo.
El arte está en ésta máxima:
"Robar con garbo y a tiempo."
Ustedes son artistas torpes.

52. A...

53. Seis pollos, seis chelines,
treinta botellas de jerez, dos liras
tres pavos.
A Bardolph arrojándole la bolsa.
Busca en mi bolsa.
Dos faisanes, una anchoveta.

Extrae las monedas de la bolsa y las cuenta.
54. Un marco, un marco, un centavo.

55. Busca.

56. He buscado.

57. ¡Busca!

Arrojando la bolsa sobre la mesa.
58. Aquí no hay ni un centavo más.

FALSTAFF
Sei la mia distruzione!
Spendo ogni sette giorni dieci ghinee!
Beone!
So che se andiam, la notte
di taverna in taverna
quel tuo naso ardentissimo
mi serve da lanterna!
Ma quel risparmio d'olio
tu lo consumi in vino.
Son trent'anni che abbevero
quel fungo porporino!
Costi troppo.

E tu pure.
Oste! un'altra bottiglia.
Mi struggete le carni!
Se Falstaff s'assottiglia
non è più lui,
nessuno più lo ama;
in questo addome
c'è un migliaio di lingue
che annunciano il mio nome!

PISTOL
Falstaff immenso!

BARDOLPH
Enorme Falstaff!

FALSTAFF
Questo è il mio regno.
Lo ingrandiri.

BARDOLPH
Immenso Falstaff!

PISTOL
Enorme Falstaff!

FALSTAFF
Ma è tempo d'assottigliar l'ingegno.

BARDOLPH, PISTOL
Assottigliam.

FALSTAFF
V'e noto un tal, qui del paese
che ha nome Ford?

59.   ¡Eres mi ruina!
¡Gasto cada siete días diez guineas!
¡Borracho!
¡Sé que si vamos por la noche
de taberna en taberna
esa tu nariz ardiente
me sirve de linterna!
Pero cuanto ahorro en aceite
tú lo consumes en vino.
¡Son treinta años que doy de beber
a ese hongo purpurino!
Me cuestas mucho.
        A Pistol.
Y tú también.
¡Hostelero! Otra botella.
¡Me consumes las carnes!
¡Si Falstaff se adelgaza
ya no es él,
ya nadie lo ama;
en éste abdomen
hay un millar de lenguas
que proclaman mi nombre!

60.   ¡Inmenso Falstaff!

61.   ¡Enorme Falstaff!

Mirandose el abdomen y golpeándolo suavemente.
62.   Este es mi reino.
Lo engrandeceré.

63.   ¡Inmenso Falstaff!

64.   ¡Enorme Falstaff!

65.   Pero es tiempo de afilar el ingenio.

66.   Afilémoslo.

67.   ¿Conocen aquí a un tal
que se llama Ford?

BARDOLPH
Si.

68. Si.

PISTOL
Si.

69. Si.

FALSTAFF
Quell'uomo è un gran borghese.

70. Ese hombre es un gran burgués.

PISTOL
Più liberal d'un Creso.

71. Más liberal que Creso.

BARDOLPH
È un Lord!

72. ¡Es un Lord!

FALSTAFF
Sua moglie è bella.

73. Su mujer es bella.

PISTOL
È tien lo scrigno.

74. Y tiene el cofre del dinero.

FALSTAFF
È quella!
O amor! Sguardo di stella!
Collo di cigno! E il labbro? Un fior!
Un fior che ride.
Alice è il nome, e un giorno
come passar mi vide nè suoi paraggi, rise.
M'ardea l'estro amatorio nel cor.
La Dea vibrava raggi di specchio ustorio
su me, su me, sul fianco baldo,
sul gran torace, sul maschio piè,
sul fusto saldo, erto, capace;
e il suo desir in lei fulgea sì al mio congiunto
che parea dir: "Io son di Sir John Falstaff."

75. ¡Ella es!
¡Oh amor! ¡Ojos de estrella!
¡Cuello de cisne! ¿Y los labios? ¡Una flor!
Una flor que ríe.
Alicia es su nombre, y un día
al pasar cerca de ella me vio y me sonrió.
Me encendió el deseo amoroso en el corazón.
La Diosa brillaba como rayo de espejo
hacia mí, hacia mí, sobre mis flancos gallardos
sobre mi gran tórax, sobre mis viriles pies,
sobre mi talle, erguido, poderoso;
y su deseo centelleaba ante mi apariencia
y parecía decir: "Yo soy de Sir John Falstaff."

BARDOLPH
Punto.

76. Punto.

FALSTAFF
È a capo. Un'altra...

77. Nuevo párrafo. Hay otra...

BARDOLPH, PISTOL
Un altra?

78. ¿Otra?

FALSTAFF
...Un'altra, e questa a nome Margherita.

79. ...Otra, y ésta se llaman Margherita.

PISTOL
La chiaman Meg.

80. La llaman Meg.

FALSTAFF
È anch'essa dè miei pregi invaghita.
È anch'essa tien le chiavi dello scrigno.
Costoro saran le mie Golconde
e le mie Coste d'oro!
Guardate: Io sono ancora
una piacente estate di San Martino.

Le dá a Bardolph una de las cartas.

A voi due lettere infuocate.
Tu porta questa a Meg;
tentinam la sua virtù.
Già vedo che il tuo naso arde di zelo.

Le dé a Pistol la otra carta.

E tu porta questa ad Alice.

PISTOL
Porto una spada al fianco.
Non sono un Messer Pandarus. Ricuso.

FALSTAFF
Saltimbanco!

BARDOLPH
Sir John, in quest'intrigo
non posso accondiscendervi.
Lo vieta...

FALSTAFF
Chi?

BARDOLPH
L'onore.

FALSTAFF
Ehi! Paggio!

Andate a impendervi
ma non più a me!

Due lettere, prendi, per due signore.
Consegna tosto, corri, via, lesto, va!...

L'onore! Ladri.
Voi state ligi all'onor vostro, voi!
Cloache d'ignominia,
quando, non sempre, noi
possiam star ligi al nostro.

81. Ella también se prendó de mis encantos.
Y ella también tiene las llaves del cofre.
¡Ellas serán mi Golconda
y mi Costa de Oro!
Miren: Yo soy otra vez
una plácida estación de San Martin.

Ustedes, estas dos cartas fogosas.
Tú lleva ésta a Meg;
probemos su virtud.
Ya veo que tu nariz arde de entusiasmo.

Y tú lleva ésta a Alice.

Rehusándose.
82. Llevo una espada en el flanco.
No soy un Señor Entrometido. Me rehusó.

83. ¡Saltimbanqui!

Avanza y arroja la carta sobre la mesa.
84. Sir John, en ésta intriga
no puedo condescender.
Lo prohíbe...

85. ¿Quién?

86. El honor.

Vé que Robin el paje se acerca.
87. ¡Ahí! ¡Paje!
A Bardolph y Pistol.
¡Vayan a molestar
pero ya no más a ama!
Al paje.
Lleva dos cartas a dos señoras.
¡Llévalas pronto, corre, rápido, vete!...
A Pistol y Bardolph.
¡El honor! Ladrones.
¡Ustedes son fieles a su honor, ustedes!
Cloacas de ignominia,
cuando, no siempre nosotros
podemos ser fiel a lo nuestro.

FALSTAFF
Io stesso, si, io, io,
devo talor da un lato porre il timor di Dio
e per necessità, sviar l'onore, usare
strataggemi ed equivoci, destreggiar,
bordeggiare.
E voi coi vostri cenci e coll'occhiata torta
da gatto pardo e i fetidi sghignazzi,
avete a scorta il vostro Onor!
Che onore? Che Onor?
Che onor! Che ciancia, che baia!
Può l'onore riempirvi la pancia? No.
Può l'onor rim ettervi uno stinco?
Non può.
Nè un piede? No. Ne un dito?
No. Nè un capello? No.
L'onor non è chirurgo.
Ch'è dunque? Una parola.
Che c'è in questa parola?
C'è dell'aria che vola.
Bel costrutto!
L'onore lo può sentire chi è morto? No.
Vive sol coi vivi?
Neppure; perchè a torto lo gonfian le lusinghe.
Lo corrompe l'orgoglio,
l'ammorban le calunnie,
e per me non ne voglio!
Ma, per tornare a voi furfanti,
ho atteso troppo, e vi discaccio.

(continuó)
Yo mismo, sí, yo, yo,
debo dejar de lado el temor a Dios
y por necesidad desviar el honor, usar
estratagemas, y cambiar de planes con
destreza.
¡Y ustedes con sus harapos y su mirada torva
de gue pardo y sus fétidas risas,
son guiados por vuestro honor!
¿Cuál honor? ¿Cuál honor?
¡Cuál honor! ¡Qué chisme, qué broma!
¿Puede el honor llenarles la panza? No.
¿Pude el honor reparar la barbilla rota?
No puede.
¿Ni un pie? No. ¿Ni un dedo?
No. ¿Ni un cabello? No.
El honor no es un cirujano.
¿Qué es entonces? Una palabra.
¿Qué hay en esta palabra?
El aire que vuela.
¡Bella construcción!
¿Puede sentir el honor quien está muerto? No.
¿Vive solo con los vivos?
Ni siquiera porque lo inflan los elogios.
¡Lo corrompe el orgullo,
lo ablandan las calumnias,
y para mí no las quiero!
Pero para volver con ustedes bribones,
he esperado mucho y los despido.

Toma la escoba y los persigue por el pasillo. Ellos escapan buscando refugio detras de una mesa.

Ola! Lesti, lesti, al galoppo!
Al galoppo! Il capestro assai bene vi stà.
Lesti, lesti! Ladri, ladri!
Via! Via di qua! Via di qua!

¡Vamos! ¡Rápido, rápido, al galope!
¡Al galope! El cabestro les va bien.
¡Rápido, rápido! ¡Ladrones, ladrones!
¡Largo! ¡Largo de aquí! ¡Largo de aquí!

Bardolph escapa por una puerta, Pistol huye por otra mientras Falstaff los persigue a escobazos.

SEGUNDA PARTE

En un jardín
A la izquierda la casa de Ford, con un grupo de arboles al centro.
Meg entra con Mrs Quickly por la derecha rumbo a la casa de Ford.
Se encuentran con Alice y Anne, que salen de la casa.

MEG
Alice!

88.   ¡Alice!

ALICE
Meg!

89.   ¡Meg!

MEG
Nannetta!

90.   ¡Nannetta!

ALICE
Escivo appunto
per ridere con te

Buon di, comare.

91.   *A Meg.*
Estaba saliendo
para reírme contigo
       A Mrs. Qickly.
Buenos dias comadre

QUICKLY
Dio vi divi allegria

Botton di rosa!

92.   Que dios te dé alegría.
       Acaricia la mejilla de Nannetta.
¡Botón de rosa!

ALICE
Giungi in buon punto.
M'acade un fatto da trasecolare.

93.   Llegas en buen momento.
Me ha sucedido algo sorprendente.

MEG
Anche a me.

94.   También a mí.

QUICKLY
Chè?

95.   ¿Qué?

NANNETTA
Che cosa?

96.   ¿Qué cosa?

ALICE
Narra il tuo caso.

97.   Cuéntanos tu caso.

NANNETTA, QUICKLY
Narra, narra!

98.   ¡Cuenta, cuenta!

ALICE
Promessa di non ciarlar.

99.   Prometemos no decirlo.

MEG
Ti pare?

100.   ¿Te parece?

QUICKLY
Oibò! Vi pare?

ALICE
Dunque se m'acconciassi a entrar
nei rei propositi del diavolo,
sarei promossa al grado di Cavalleressa!

MEG
Anch'io.

ALICE
Motteggi.

MEG
Non più parole.
Chè qui sciupiamo la luce del sole.
Ho una lettera.

ALICE
Anch'io.

NANNETTA, QUICKLY
Oh!

ALICE
Leggi.

Las dos mujeres se intercambian las cartas.

MEG
Leggi.
"Fulgida Alice! Amor t'offro."
Ma come? Che cosa dice?
Salvo che i! nome
la frase è uguale.

ALICE
"Fulgida Meg! Amor t'offro..."

MEG
"Amor bramo."

ALICE
Qua "Meg," là "Alice."

MEG
È tal e quale.
"Non domandar perchè, ma dimmi."

101. ¡Deberás! ¿Te parece?

102. ¡Entonces me aconsejan entrar
en los propósitos del diablo,
y seré promovida al grado de Caballereas!

103. Yo también.

104. Te burlas de mí.

Extrae una carta de su bolsa.
105. No más palabras.
Que aquí desperdiciamos la luz del sol.
Tengo una carta.

106. Yo también.

107. ¡Oh!

108. Lee.

La carta de Alice.
109. Lee.
"¡Resplandeciente Alice! Amor te ofrezco."
¿Pero cómo? ¿Qué cosa dice?
Excepto por el nombre
la frase es igual.

Leyendo la carta de Meg.
110. "¡Resplandeciente Meg! Amor te ofrezco..."

111. "Quiero amor."

112. Aquí "Meg," allá "Alice."

113. Tal cual.
"No preguntes porqué, pero dime."

ALICE
"T'amo."
Pur non gli offersi cagion.

114. "Te amo."
Y yo no le di razón.

MEG
Il nostro caso è pur strano.

115. Nuestro caso es muy extraño.

Las mujeres se juntan para comparar las cartas.

QUICKLY
Guardiam con flemma.

116. Examinémoslas con calma.

MEG
Gli stessi versi.

117. Los mismos versos.

ALICE
Lo stesso inchiostro.

118. La misma letra.

QUICKLY
La stessa mano.

La misma mano.

119.

NANNETTA
Lo stesso stemma.

120. El mismo escudo de armas.

ALICE, MEG
"Sei la gaia comare,
il compar gaio son io,
e fra noi due facciamo il paio."

Leyendo simultáneamente.
121. "Eres la esposa alegre,
yo soy un hombre alegre,
entre nosotros dos hacemos el par."

ALICE
Già.

122. Deberás.

NANNETTA
Lui, lei te.

123. El, ella, tú.

QUICKLY
Un paio in tre.

124. Un par de tres.

ALICE
"Faciamo il paio in un amor ridente
di donna bella e d'uom..."

125. "Hagamos el par en un amor sonriente
de una bella mujer y un hombre..."

TODAS
"...appariscente..."

126. "...atractivo..."

ALICE
"Ma il viso tuo su me risplenderà
come une stella, sull'immensità."

127. "Y tu rostro resplandecerá ante mi
como una estrella en la inmensidad."

TODAS
Ah, ah, ah, ah, ah, ah, ah, ah!

128. ¡Ja, ja, ja, ja, ja, ja, ja, ja!

ALICE
"Rispondi al tuo scudiere,
John Falstaff Cavaliere."

129. "Responde a tu servidor,
John Falstaff, Caballero."

QUICKLY
Mostro!

130. ¡Monstruo!

MEG, NANNETTA, ALICE
Mostro!

131. ¡Monstruo!

ALICE
Dobbiam gabbarlo.

132. Debemos burlarnos de él.

NANNETTA
E farne chiasso.

133. Y hacerle un escándalo.

ALICE
E metterlo in burletta.

134. Y hacerlo quedar en ridículo.

NANNETTA
Oh, oh! Che spasso!

135. ¡Oh, oh! ¡Qué divertido!

QUICKLY
Chè allegria!

136. ¡Qué alegría!

MEG
Che vendetta!

137. ¡Qué venganza!

ALICE
Quell'otre! Quel tino!
Quel Re delle pance,
ci ha ancora le ciance
del bel vagheggino.
E l'olio gli sgocciola
dall'adipe unticcio
e ancora el ne snocciola
la strofa e il bisticcio!
Lasciam ch'ei le pronte
sue ciarle ne spifferi;
farà come i pifferi
che sceser dal monte.
Vedrai che, se abbindolo
quel grosso compar,
più lesto d'un guindolo
lo faccio girar.

138. ¡Qué odre! ¡Qué cubeta!
Ese Rey de la panza,
otra vez con su chisme
de bello muchachito.
¡Y la grasa le escurre
por todos sus poros
y ahora él nos suelta
las estrofas!
Dejemos que siga
con su parloteo;
y terminará como los flautistas
que bajan del monte.
Veras que, si juego
con ese gordo individuo
lo haré girar más rápido
que un carrete.

QUICKLY
Quell'uom è un cannone,
se scoppia ci spaccia.
Colui se l'abbraccia
ti schiaccia Giunone.

139. Ese hombre es un cañón,
si explota nos lanza.
Si él la abraza
la tritura aun cuando fuera Juno.

QUICKLY

Vedrai cha a un tuo cenno
quel mostro si spappola
e perde il suo senno
e corre alla trappola,
potenza d'un fragile
sorriso di donna!
Scienza d'un agile
movenza di gonna!
Se il vischio lo impegola
Lo udremo strillar,
e allor la sua fregola
vedremo svampar.

NANNETTA

Se ordisci una burla
vo'anch'io la mia parte
Conviene condurla
con senno, con arte.
L'agguato ov'ei sdrucciola
convien ch'ei non scerna.
Già prese una lucciola
per una lanterna.
Che il gioco riesca
pervio più non dubito
per coglierlo subito
bisogna offrir l'esca.
E se i scillinguagnoli
sapremo adoprar
vedremo a rigagnoli
quell'orco sudar.

QUICKLY

Un flutto in tempesta
gittò sulla rena
di Windsor codesta
vorace balena.
Ma qui no ha spazio
da farsi più pingue
ne fecer già strazio
le vostre tre lingue
Tre lingue più allegre
d'un trillo di nacchere
che spargon più chiacchiere
di sei cingallegre.
Tal empre s'esiliari
quel bel cinguettar.
Così soglion l'ilari
comari ciarlar.

(continuó)

¡Veras que a una seña tuya
ese monstruo se alborota
y pierde su sentido
y corre hacia la trampa,
la potencia de una frágil
sonrisa de mujer!
¡Sabiduría de un agil
movimiento de falda!
Si se pega a nuestra goma
lo oiremos chillar,
y entonces su deseo
veremos humear.

140. Si están urdiendo una burla
yo también quiero mi parte
Conviene conducirla
con sentido y con arte.
Conviene que no se dé cuenta
de la trampa a la que se desliza.
Ya confunde una luciérnaga
con una linterna.
No dudo que el juego
tenga éxito
para atraparlo rápidamente
necesitamos ofrecerle la carnada.
Y si sabemos adoptar
un plan ingenioso
veremos a ese ogro
a torrentes sudar.

141. Una ola en la tempestad
golpeo sobre la arena
sobre la playa de Windsor
a una voraz ballena.
Pero aquí no hay espacio
para hacerse más gordo
ni para molestar porque será
vencido por vuestras tres lenguas.
Tres lenguas más alegres
que el ruido de castañuelas
que esparcen la cháchara
de seis pajarillos.
Que los mirlos sean eternos
con su bello trinar.
Así surgieron las risas
de las alegres comadres.

Las damas se alejan.
Llegan el Dr. Cajus, Fenton, Bardolph, Pistol y Ford.
Todos le hablan a Ford suavemente.

DR CAJUS

È un ribaldo, un furbo, un ladro
un furfante, un turco, un vándalo,
l'altro di mandò a soqquadro
la mia casa e fù uno scandalo.
Se un procceso oggi gl'intavolo
sconterà le sue rapine.
Ma la sua più degna fine
sia d'andare in man del diavolo.
E quei due che avete accanto
gente sonon di sua tribù,
non son due stinchi di santo
nè son fiore di virtù.

BARDOLPH

Falstaff, si ripeto, giuro
contro voi, John Falstaff rumina
un progetto alquanto impuro.
Son uom d'arme e quell'infame
più non vò che v'impozzangheri.
Non vorrei, no, escir dai gancheri
dell'onor per un reame!
Messer Ford, l'uomo avvisato
non è salvo che a metà
Tocca a voi d'ordir l'agguato
che l'agguato stornerà.

FORD

Un ronzio di vespe e d'avidi
calabron brontolamento
un rombar di nembi gravidi
d'uragani è quel ch'io sento.
Il cerebro un ebro allucina
turbamento di paura,
ció che intorno a me si buccina
è un sassurro di congiura.
Parlan quattro e uno ascolta,
qual dei quattro ascolteri?
Se parlaste uno alla volta
forse allor v'intenderò.

Ripeti.

A Ford.

142. Es un sinvergüenza, un bribón, un ladrón
un pillo, un turco, un vándalo,
el otro día hizo un desorden
y fue un escándalo.
Si hoy le entablo un proceso
pagará por ese asalto.
Pero su final más digno
será ir de la mano del diablo.
Y esos dos que están a su lado
son gente de su tribu,
no son santos
ni son flores de virtud.

A Ford.

143. Falstaff, si repito, juro
contra ti, John Falstaff tiene
un proyecto un tanto sucio.
Soy hombre de armas y ese infame
y no quiero que te enlode.
¡No quisiera, no, perder la paciencia
y el honor por un reino!
Señor Ford, el hombre advertido
solo está salvado a la mitad.
Te toca urdir el truco
que derrotará a su truco.

144. Un zumbido de avispas y abejas
y murmullos de abejorro
un atronar de nubes
de huracanes es lo que yo oigo.
Mi cerebro ebrio alucina
y lo turba el miedo,
en torno a mí se construye
en un susurro una conjura.
¡Hablan cuatro y uno escucha,
a cuál de los cuatro escucharé!
Si hablaran uno a la vez
quizás entonces los entenderla.
A Pistol.
Repítelo.

PISTOL
Sir John Falstaff già v'appresta
Messer Ford, un gran pericolo.
Già vi pende sulla testa
qualche cosa a perpendicolo.
Messer Ford, fui già un armigero
di quell'uom dall'ampia cute,
or mi pento e mi morigero
per ragioni di salute.
La minaccia or v'è scoperta
or v'è noto il ciurmador.
State all'erta, all'erta, all'erta.
Qui si tratta dell'onor.

FENTON
Se volete, io non mi perito
di ridurlo alla ragione
colle brusche o colle buone,
e pagarlo al par del merito.
Mi dà il cuore e mi solletica
di sfondar quella ventraia
iperbolico-apoplettica.
Coll consiglio o colla spada
se lo trovo al tu per tu
O lui va per la sua strada
O lo assegno a Belzebù.

PISTOL
In due parole
l'enorme Falstaff vuole
entrar nel vostro tetto,
beccarvi la consorte
sfondar la cassa-forte
e sconquassarvi il letto.

DR CAJUS
Caspita!

FORD
Quanti guai!

BARDOLPH
Già le scrisse un biglietto.

PISTOL
Ma quel mesaggio
abbietto ricusai.

BARDOLPH
Ricusai.

A Ford.
145. Sir John Falstaff ya prepara
Señor Ford, un gran peligro.
Ya pende directamente sobre
tu cabeza una cosa.
Señor Ford, ya fui un empleado
de ese hombre de amplia piel,
ahora me arrepiento y renuncié
por razones de salud.
La amenaza ahora se ha descubierto
ahora conoces al bribón.
Permanece alerta, alerta, alerta.
Aquí se trata el honor.

A Ford.
146. Si quieres, yo dudaría
de volverlo a la razón
por la buena o por la mala,
y tratarlo como amerite.
Me divierte y me encanta la idea
de desfondar esa panza
hiperbólica y apoplética.
Con consejos o con la espada
yo lo enfrento al tú por tú
O él va por su calle
O lo mando con Belsebú.

A Ford.
147. En dos palabras
el enorme Falstaff quiere
entrar en tu lecho,
picotear a tu consorte
abrir la caja fuerte
y aplastar tu cama.

148. ¡Cáspita!

149. ¡Qué lío!

150. Ya le escribió una carta.

151. Pero ese sucio mensaje
me negué a entregar.

152. También me negué.

PISTOL
Badate a voi!

153. ¡Tengan cuidado!

BARDOLPH
Badate!

154. ¡Cuídate!

PISTOL
Falstaff le occhieggi tutte
che siano belle o brutte,
pulzelle o maritate.

155. Falstaff mira a todas
ya sean bellas o feas,
solteras o casadas.

BARDOLPH, PISTOL
Tutte, tutte, tutte, tutte!

156. ¡A todas, a todas, a todas!

BARDOLPH
La corona che adorna
d'Atteon l'irte chiome
su voi già spunta.

157. La corona que adorna
las sienes de Acteón
ya se apunta hacia ti.

FORD
Come sarebbe a dir?

158. ¿Qué dices?

BARDOLPH
Le coma.

159. Los cuernos.

FORD
Brutta parola!

160. ¡Qué fea palabra!

DR CAJUS
Ha voglie voraci il Cavaliere.

161. El Caballero tiene deseos voraces.

FORD
Sorveglierò la moglie.
Sorveglierò il messere.

162. Vigilaré a mi esposa.
Vigilaré al caballero.

Entran las cuatro mujeres.

Salvar voi i beni miei
dagli appetiti altrui.

Voy a salvar mis bienes
del apetito de otros.

Mirando a Nannetta.

FENTON
È lei.

163. Es ella.

Mirando a Fenton.

NANNETTA
È luí.

164. Es él.

Mirando a Alice.

FORD
È lei.

165. Es ella.

Mirando a Ford.

ALICE
È lui.

166. Es él.

DR CAJUS
È lei.

A Ford, señalándole a Alice.
167. Es ella.

MEG
È lui.

A Alice señalándole a Ford.
168. Es él.

ALICE
S'egli sapesse!

En voz baja a las otras mujeres.
169. ¡Si él supiera!

NANNETTA
Guai!

170. ¡Guía!

ALICE
Schiviamo i passi suoi.

171. Esquivémoslos.

Salen los hombres, menos Fenton.

MEG
Ford è geloso?

172. ¿Es celoso Ford?

ALICE
Assai.

173. Bastante.

QUICKLY
Zitto.

174. Silencio.

ALICE
Badiamo a noi.

175. Tengamos cuidado.

Las damas salen, menos Nannetta.

FENTON
Pst, pst Nannetta.

176. Pst, pst Nannetta.

NANNETTA
Sss.

177. Sss.

FENTON
Vien qua.

178. Ven aquí.

NANNETTA
Taci. Che vuoi?

179. Silencio. ¿Qué quieres?

FENTON
Due baci.

180. Dos besos.

NANNETTA, FENTON
In fretta.

181. Rápidamente.

NANNETTA
Labbra di foco!

Se besan rápidamente.
182. ¡Labios de fuego!

FENTON
Labbra di fiore!

183. ¡Labios de flor!

NANNETTA
Che il vago gioco sanno d'amore.

184. Quien conoce el hermoso juego del amor.

FENTON
Che spargon ciarle
che mostran perle,
belle a vederle
dolci a baciarle!
Labbra leggiadre!

185. ¡El que esparce charla
que muestra perlas,
bellas para ser vistas
dulces al besarlas!
¡Alegres labios!

Trata de abrazarla.

NANNETTA
Man malandrine!

186. ¡Manos malandrinas!

FENTON
Ciglia assassine!
Pupille ladre!
T'amo!

187. ¡Ojos asesinos!
¡Pupilas ladronas!
¡Te amo!

NANNETTA
Imprudente.

188. Imprudente.

Fenton trata de besarla de nuevo.

No.

No.

FENTON
Si...due baci.

189. Si...dos besos.

NANNETTA
Basta.

190. Basta.

FENTON
Mi piaci tanto!

191. ¡Me gusta tanto!

NANNETTA
Vien gente.

192. Viene gente.

Se separan, ella se retira a y él se esconde detras de unos matorrales.

FENTON
"Bocca baciata non perde ventura."

193. "La boca besada no pierde ventura."

NANNETTA
"Anzi rinnova come fà la luna, come fa la luna."

194. "Se renovar como lo hace la luna."

ALICE
Falstaff m'ha canzonata.

195. Falstaff se ha burlado de mí.

MEG
Merita un gran castigo.

ALICE
Se gli scrivessi un rigo?

NANNETTA
Val meglio un'ambasciata.

ALICE, NANNETTA, QUICKLY
Si.

ALICE
Da quel brigante tu andrai.
Lo adeschi all'offa
d'un ritrovo galante con me.

QUICKLY
Questa è gaglioffa!

NANNETTA
Che bella burla!

ALICE
Prima, per attirarlo a noi
lo lusinghiamo.

NANNETTA
È poi?

ALICE
È poi gliele cantiamo in rima.

QUICKLY
Non merita riguardo.

ALICE
È un bove.

MEG
È un uomo senza fede.

ALICE
È un monte di lardo.

MEG
Non merta clemenza.

ALICE
È un ghiotton che scialacqua
tutto il suo aver nel cuoco.

196. Amerita un gran castigo.

197. ¿Y si le escribiera unas líneas?

198. Iria mejor enviarle a alguien.

199. Si.

A Quickly.
200. Tu ira a la casa de ese bribón.
Hazle creer que habrá
un encuentro galante conmigo.

201. ¡Esto es excelente!

202. ¡Qué bella burla!

203. Primero para atraerlo a nosotras
lo adulamos.

204. ¿Y después?

205. Después le cantamos en rima.

206. No merece piedad.

207. Es un toro.

208. Es un hombre sin fe.

209. Es una montaña de manteca.

210. No merece clemencia.

211. Es un glotón que se gasta
toda su fortuna en el cocinero.

NANNETTA
Lo tufferem nell'acqua.

212.   Lo arrojaremos al agua.

ALICE
Lo arrostiremo al fuoco.

213.   Lo rostizaremos al fuego.

NANNETTA
Che gioia!

214.   ¡Qué alegría!

ALICE
Che allegria!

215.   ¡Qué alegría!

MEG, QUICKLY, ALICE, NANNETTA
Chè gioia!

216.   ¡Qué alegría!

MEG
Procaccia di far bene la tua parte.

217.   Procura hacer bien tu parte.

QUICKLY
Chi viene?

218.   ¿Quién viene?

MEG
Là c'è qualcun che spia.

219.   Allá está alguien que nos espía.

Alice, Meg y Quickly se retiran de prisa.
Nannetta se queda atras y Fenton viene a encontrarla.

FENTON
Torno all'assalto

220.   Regreso al asalto.

NANNETTA
Torno alla gara Ferisci!

221.   Regreso a la justa. ¡Hiéreme!

FENTON
Para!

222.   ¡Para!

El trata de besarla, pero Nannetta se cubre la cara con la mano.
El se la besa y ella la levanta cada vez mas hasta que él ya no puede alcanzarla.

NANNETTA
La mira è in alto.
L'amor è un agile torneo, sua corte
vuol che il più fragile vinca il più forte.

223.   El blanco está muy alto.
El amor es un agio torneo, cuya Corte
quiere que el más frágil venza al más fuerte.

FENTON
M'armo, ti guardo.
T'aspetto al varco.

224.   Me armo, te miro.
Te espero en el paso.

NANNETTA
Il labbro è l'arco.

225.   Los labios son el arco.

FENTON
E il bacio è il dardo
Bada! La freccia
fatal già scocca
dalla mia bocca
sulla tua treccia.

226.	Y el beso es el dardo
¡Cuidado! La flecha
fatal ya vuela
dese mi boca
hacia tu cabellera.

Le desata el pelo y se lo besa.

NANNETTA
Eccoti avvinto.

227.	Te he vencido.

FENTON
Chiedo la vita!

228.	¡Te pido la vida!

NANNETTA
Io son ferita...ma tu sei vinto.

229.	Yo estoy herida...pero tú estás vencido.

FENTON
Pietà, pieta!
Facciamo la pace e poi...

230.	¡Piedad, piedad!
Hagamos la paz y después...

NANNETTA
E poi?

231.	¿Y después qué?

FENTON
Se vuoi, ricominciamo.

232.	Si quieres, comenzamos de nuevo.

NANNETTA
Bello è quel gioco che dura poco. Basta.

233.	Bello es el juego que dura poco. Basta.

FENTON
Amor mio!

234.	¡Amor mío!

NANNETTA
Vien gente. Addio!

235.	Viene gente. ¡Adiós!

Corre.

FENTON
"Bocca baciata non perde ventura."

236.	"La boca besada no pierde su encanto."

NANNETTA
"Anzi rinnova come fa la luna."

237.	"También se renueva como lo hace la luna."

Entran Ford, Cajus, Pistol y Bardolph.

BARDOLPH
Udrai quanta egli sfoggia
magniloquenza altera.

A Ford.
238.	Veras cuanta elocuencia
y orgullo él usa.

FORD
Diceste ch'egli allogia dove?

239.	¿Dónde dijiste que vive?

PISTOL
Alla Giarrettiera.

240.   En el Garter Inn.

FORD
A lui m'annuncierete,
ma con un falso nome,
poscia vedreta come
lo piglio nella rete,
Ma non una parola.

241.   Con él me anunciarás,
pero con un nombre falso,
después verás como
yo lo atrapo en la red.
Pero, ni una palabra.

BARDOLPH
In ciarle non m'ingolfo
io mi chiamo Bardolfo.

242.   No soy un chismoso
yo me llamo Bardolph.

PISTOL
Io mi chiamo Pistola.

243.   Yo me llamo Pistol.

FORD
Siam d'accordo.

244.   Estamos de acuerdo.

BARDOLPH
L'arcano custodirem.

245.   Guardaremos el secreto.

FORD
Siam d'accordo tutti.

246.   Todos estamos de acuerdo.

BARDOLPH, PISTOL
Si.

247.   Si.

FORD
Qua la mano.

248.   Aquí la mano.

Llegan Alice, Nannetta, Meg y Quickly.

DR CAJUS
Del tuo barbaro diagnostico
forse il male è assai men barbaro.
Ti convien tentar la prova
molestissima del ver.
Cosi avvien col sapor ostico
dei ginepro o del rabarbaro,
il benessere rinnova
l'amarissimo bicchier.

A Ford.
249.   De tu barbárico diagnóstico
quizás el mal es bastante menos bárbaro.
Te conviene intentar la prueba
que de verdad es molestísima.
Así viene con sabor amargo
del enebro o de ruibarbo,
que renueva el bienestar
en un amarguísimo vaso.

PISTOL
Voi dovete empirgli il calice
tratto, tratto interrogandolo
per tentar se vi riesca
di trovar del nodo il bandolo.

A Ford.
250.   Tú debes vaciarle el cáliz
poco a poco, interrogándolo
para ver si se arriesga
a desanudar su nudo.

PISTOL

Come all'acqua inclina il salice
cosi al vin quel Cavalier.
Scoverete la sua tresca
scoprirete il suo pensier.

FORD

Tu vedarai se bene adopera
l'arte mia con quell'infame,
e sarà prezzo dell'opera
s'io discopro le sue trame.
Se da me storno il ridicolo
non avrem sudato invan,
se l'attiro nell'inganno
l'angue morde il cerretan.

BARDOLPH

Messer Ford, un infortunio
marital in voi s'incorpora.
Se non siete astuto e cauto
quel Sir John vi tradirà.
Quel paffuto plenilunio
che il color del vino imporpora
troverebbe un pasto lauto
nella vostra ingenuità.

FENTON

Qua borbotta un crocchio d'uomini
c'è nell'aria una malia
là cinguetta un stuol di femine
spira un vento agitador.
Ma colei che in cor mi nomini
dolce amor, vuol esser mia!
Noi sarem come due gemine
stelle unite in un ardor.

ALICE

Vedrai che se abbindolo
quel grosso compar,
più lesto d'un guindolo
lo faccio girar.

MEG

Se il vischio lo impegola
lo udremo strillar,
e allor la sua fregola
vedremo svampar.

(continuó)

Como el agua se inclina como el suelo
así lo hace ante el vino ese Caballero.
Descubrirás su trama
descubrirás su pensamiento.

A Pistol.

251. Tu veras que bien opera
mi arte con ese infame,
y será el precio de esa obra
que yo descubra su trama.
Si puedo evitar el ridículo
no habremos obrado en vano,
si lo envuelvo en el engaño
la serpiente morderá al charlatán.

A Ford.

252. Señor Ford, un infortunio
marital se incorpora a usted.
Si no es astuto y cauteloso
ese Sir John lo traicionará.
Ese mofletudo plenilunio
que amorata el color el vino
encontrará un espléndido platillo
en vuestra ingenuidad.

Para si.

253. Aquí murmulla un grupo de hombres
hay en el aire una magia
allá las esposas chismean
y se respira un viento de conspiración.
¡Pero ella que en su corazón me llama
dulce amor, quiere ser mía!
Nosotros seremos como dos estrellas
gemelas unidas en un solo rayo.

A Meg.

254. Veras que si juego
con ese tipo gordo
más rápido que un carrete
lo haré girar.

A Alice.

255. Si cae en la trampa
lo oiremos chillar,
y también su deseo
veremos humear.

NANNETTA
E se i scilinguagnoli
sapremo adoprar,
vedremo a rigagnoli
quell'orco sudar.

QUICKLY
Tal sempre s'esilari
quel bel cinguettar,
cosi soglion l'ilari
comari ciarlar.

Ford, Cajus, Fenton, Bardolph y Pistol salen.

ALICE
Qui più non si vagoli.

NANNETTA
Tu corri all'ufficio tuo.

ALICE
Vo' ch'egli miagoli
d'amor come un micio.

È intesa?

QUICKLY
Sì.

NANNETTA
È detta.

ALICE
Domani.

QUICKLY
Sì, sì.

ALICE
Buon dì, Meg.

QUICKLY
Nannetta, buon dì.

NANNETTA
Addio.

MEG, NANNETTA
Buon di.

A Alice.
256. Y si nuestro chismorreo
sabemos manejar,
veremos sudar a chorros
a ese ogro.

257. Que ese júbilo sea para siempre
con nuestro bello chismorrear,
así son de rápidos
los chismes de las esposas.

258. Que no se diga más.

A Quickly.
259. Tú corre a tu oficio.

260. Quiero que él maúlle
de amor como un gatito.
A Quickly.
¿Entendido?

261. Si.

262. Está dicho.

263. Mañana.

264. Si, si.

265. Buenos días, Meg.

266. Nanneta, buen día.

267. Adiós.

268. Buen día.

ALICE
Vedrai che quell'epa
terribile e tronfia
si gonfia.

ALICE. MEG
Si gonfia.

ALICE, MEG, QUICKLY, NANNETTA
Si gonfia e poi crepa.

ALICE
"Ma il viso mio su lui risplenderà."

TODAS
"...come una stella sull'immensità."
Ah, ah!

269.   Verán que esa
terrible panza
se hincha.

270.   Se hincha.

271.   Se hincha y luego estalla.

272.   "Pero mi rostro resplandecerá al verlo."

273.   "...como una estrella en la inmensidad."
¡Ja, ja!

Ellas se separan riendose.

Acto Segundo

PRIMERA PARTE.

En el interior de The Garter Inn. Falstaff como siempre está sentado en una gran silla bebiendo jeréz.
Bardolph y Pistol están cerca de la puerta del fondo.

BARDOLPH, PISTOL
Siam pentiti e contriti.

FALSTAFF
L'uomo ritorna al vizio,
la gatta al lardo.

BARDOLPH, PISTOL
E noi, torniamo al tuo servizio.

BARDOLPH
Padron, le c'è una donna
ch'alla vostra presenza
chiede d'essere ammessa.

FALSTAFF
S'inoltri.

Bardolph sale y regresa acompañado de Mrs. Quickly.

QUICKLY
Reverenza!

FALSTAFF
Buon giomo, buona donna.

QUICKLY
Se Vostra Grazia vuole, vorrei,
segretamente, dirle quattro parole.

FALSTAFF
T'accordo udienza.

Escite.

274. Estamos arrepentidos y contritos.

275. El hombre retorna al vicio,
la gata a la manteca.

276. Y nosotros retornamos a tu servicio.

277. Patrón, ahí está una mujer
que quiere ser admitida
a tu presencia.

278. Que entre.

Se inclina ante Falstaff.
279. ¡Vuestra gracia!

280. Buenos días, buena mujer.

281. Si vuestra gracia, quiere, quisiera,
secretamente, decirle cuatro palabras.

282. Te concedo audiencia.
A Bardolph y Pistol.
Salida.

Ellos salen haciendo caras.

QUICKLY
Reverenza!
Madonna Alice Ford.

283. ¡Vuestra gracia!
Mi señora Alice Ford.

FALSTAFF
Ah!... Ebben?

284. ¡Ah!... ¿Y bien?

QUICKLY
Ahimè! Povera donna!
Siete un gran seduttore!

285. ¡Cielos! ¡Pobre mujer!
¡Es usted un gran seductor!

FALSTAFF
Lo so. Continua.

286. Lo sé. Continua.

QUICKLY
Alice stà in grande agitazione
d'amor per voi; vi dice ch'ebbe
la vostra lettera, che vi ringrazia
e che suo marito esce sempre
dalle due alle tre.

287. Alicia está muy agitada
de amor por usted; le manda decir que recibió
vuestra carta, que se lo agradece
y que su marido siempre sale
de las dos a las tres.

FALSTAFF
Dalle due alle tre.

288. De las dos a las tres.

QUICKLY
Vostra Grazia a quell'ora
potrà liberamente salir
ove dimora la bella Alice.
Povera donna!
Le angoscie sue son crudeli!
Ha un marito geloso!

289. A esa hora vuestra gracia
podrá libremente ir
a donde vive la bella Alice.
¡Pobre mujer!
¡Sus angustias son crueles!
¡Tiene un marido celoso!

FALSTAFF
Dalle due alle tre. Le dirai
che impaziente aspetto quell'ora.
Al mio dover non mancherò.

290. De las dos a las tres. Le dirás
que espero impaciente la hora.
No faltaré a mi deber.

QUICKLY
Ben detto. Ma c'è un'altra ambasciata
per Vostra Grazia.

291. Bien dicho. Pero hay otro mensaje
para Vuestra Gracia.

FALSTAFF
È parla.

292. Habla.

QUICKLY
La bella Meg.
(un angelo che innamora a guardarla.)
Anch'essa vi saluta molto amorosamente,
dice che suo marito è assai di rado assente.
Povera donna! Un giglio di candore e di fe!
Voi le stregate tutte.

293. La bella Meg.
(Un ángel que enamora al verte.)
También os saluda amorosamente,
y dice que su marido rara vez está ausente.
¡Pobre mujer! ¡Un lirio de candor y de fe!
Vos la habéis embrujado.

FALSTAFF
Stregoneria non c'è,
ma un certo qual mio fascino personal.
Dimmi, l'altra sa di quest'altra?

QUICKLY
Oibb! La donna nasce scaltra.
Non temete.

FALSTAFF
Or ti vol remunerar.

QUICKLY
Chi semina grazie, raccoglie amor.

FALSTAFF
Prendi, Mercurio-femina.
Saluta le due dame.

QUICKLY
M'inchino.

FALSTAFF
Alice è mia!
Va, vecchio John, va, va per la tua via.
Questa tua vecchia carne ancora spreme
qualche dolceza a te.
Tutte le donne ammutinate insieme
si dannano per me!
Buon corpo di Sir John, ch'io nutro e sazio
va ti ringrazio.

BARDOLPH
Padron, di là c'è un certo Mastro Fontana
che anela di conoscervi,
offre una damigiana di Cipro
per l'asciolvere di Vostra Signoria.

FALSTAFF
Il suo nome è Fontana?

BARDOLPH
Sì.

FALSTAFF
Bene accolta sia la fontana
che spande un simile liquore! Entri.

294. No hay brujería.
Más bien mi fascinación personal.
¿Dime, la otra sabe de ésta otra?

295. ¡Mira! La mujer nace astuta.
No temáis.

Buscando en su monedero.
296. Ahora te quiero remunerar.

297. Quien siembra gracia, recoge amor.

Extrae una moneda y se la dá a Quickly.
298. Toma, dama Mercurio.
Saluda a las dos damas.

299. Os saludo.

Sale.

300. ¡Alice es mía!
Ve viejo John, ve, ve por tu camino.
Esta tu vieja carne todavía te reserva
algunas dulzuras.
¡Todas las damas se amotinan juntas
y se vuelven locas por mí!
Buen cuerpo de Sir John que yo nutro y sacio
vamos, te lo agradezco.

301. Patrón, allá está un cierto Maestro Fontana
que anhela conocerte,
os ofrece una damajuana de Chipre
para la sed de Vuestra Señoría.

302. ¿Su nombre es Fontana?

303. Si.

304. ¡Bienvenida sea la fuente
que nos trae semejante licor! ¡Que entre!

Bardolph sale.

FALSTAFF
Va, vecchio John per la tua via.

(continuó)
Ve viejo John por tu camino.

Ford entra disfrazado escoltado por Bardolph,
que se detiene en la puerta y se inclina al pasar Ford.
Entonces entra Pistol, llevando una damajuana que coloca sobre la mesa.
Ford lleva una pequeña bolsa en la mano. Pistol y Bardolph esperan atrás.

FORD
Signore, v'assista il cielo!

Acercándose a Falstaff, se inclina ante él.
305.   ¡Señor, que el cielo lo bendiga!

FALSTAFF
Assista voi pur, signore.

306.   Que lo bendiga también a usted señor.

FORD
Io sonno, davver, molto indiscreto,
e vi chiedo perdono,
se, senza cerimonie, qui vengo e sprovveduto
di più lunghi preamboli.

307.   Yo soy deberás muy indiscreto,
y le pido perdón,
si, sin ceremonia, vengo aquí desprovisto de
un más largo preámbulo.

FALSTAFF
Voi siete il benvenuto.

308.   Usted es bienvenido.

FORD
In me vedete un uom
ch'ha un'abbondanza grande
degli agi della vita
un uom che spende e spande
come più li talenta
pur di passar mattana.
Io mi chiamo Fontana!

309.   En mi ve un hombre
que tiene una gran abundancia
con una vida cómoda
un hombre che gasta pródigamente
como más le place
para buscar el placer.
¡Yo me llamo Fontana!

FALSTAFF
Caro signor Fontana!
Voglio fare con voi più ampia conoscenza.

310.   ¡Querido señor Fontana!
Quiero que nos conozcamos ampliamente.

FORD
Caro Sir John,
desidero parlarvi in confienza.

311.   Querido Sir John,
deseo hablarle con confianza.

BARDOLPH
Attento!

En voz baja a Pistol.
312.   ¡Atento!

PISTOL
Zitto!

313.   ¡Calla!

BARDOLPH
Guarda! Scommetto!
Egli va dritto nel trabocchetto.

314.   ¡Mira, te apuesto!
Que él va directo a la trampa.

PISTOL
Ford, se lo intrappola.

BARDOLPH
Zitto!

PISTOL
Zitto!

FALSTAFF
Che fate là?

V'ascolto.

FORD
Sir John, m'infonde ardire
un ben noto proverbio popolar:
si suol dire che l'oro apre ogni porta,
che l'oro è un talismano,
che l'oro vince tutto.

FALSTAFF
L'oro è un buon capitano
che marcia avanti.

FORD
Ebbene. Ho un sacco di monete qua,
che mi pesa assai.
Sir John, se voi volete
aiutarmi a portarlo...

Toma el saco y lo coloca sobre la mesa.

FALSTAFF
Con gran piacer.
Non so, davver,
per qual mio merito, Messer.

FORD
Ve lo diri. C'è a Windsor una dama
bella e leggiadra molto,
si chiama Alice;
è moglie d'un certo Ford.

FALSTAFF
V'ascolto.

315. Ford, le tiende la trampa.

316. ¡Calla!

317. ¡Calla!

A Bardolph y Pistol.
318. ¿Qué hacen allí?
Bardolph y Pistol se retiran.
Lo escucho.

319. Me incita a hablarle
un conocido proverbio popular:
que dice que el oro abre todas las puertas,
que el oro es un talismán,
que el oro lo vence todo.

320. El oro es un buen capitán
que marcha adelante.

321. Tengo aquí un saco de monedas
que pesa bastante.
Sir John, si usted lo desea
ayudarme a llevarlo...

322. Con gran placer.
No lo sé, deberás,
por cuál mérito mío, Señor.

323. Se lo diré. Hay en Windsor una dama
muy bella y alegre,
se llama Alice;
es mujer de un cierto Ford.

324. Lo escucho.

FORD

Io l'amo e lei non m'ama;
le scrivo, non risponde;
la guardo, non mi guarda;
la cerco e si nasconde.
Per lei sprecai tesori,
gittai doni, su doni
escogitai, tramando,
il vol delle occasioni.
Ahimè! tutto fu vano!
Rimasi sulle scale,
negletto, a bocca asciutta,
cantando un madrigale.

FALSTAFF

"L'amor, l'amor
che non ci dà mai tregue"
finchè la vita.

FORD, FALSTAFF

...strugge.
"E come l'ombra..."
"...che chi fugge..."
"...l'insegue..."
"e chi l'insegue..."
"...fugge."
"L'amor, l'amor!"

FORD

E questo madrigale
l'ho appreso a prezzo d'or.

FALSTAFF

Quest'è il destin fatale
del misero amator.

FORD

L'amor, l'amor
che non ci dà mai tregue.

FALSTAFF

Essa non vi diè mai luogo a lusinghe?

FORD

No.

FALSTAFF

Ma infin, perchè vi aprite a me?

325. Yo la amo y ella no me ama;
le escribo, no responde;
la miro, no me mira;
la busco y se esconde.
Por ella he dilapidado tesoros,
le he dado regalos y más regalos
he inventado cosas, temblando,
y ya no sé qué hacer.
¡Cielos! ¡Todo fue en vano!
Permanecí en sus escaleras
solo, con la boca seca
cantando un madrigal.

326. "El amor, el amor,
que no nos da tregua"
hasta que la vida.

327. ...consume.
"Y como sombra..."
"...que huye..."
"...lo sigue..."
"y aquí lo sigue..."
"...y huye."
"¡El amor, el amor!"

328. Y ese madrigal
lo he aprendido a precio de oro.

329. Ese es el destino fatal
del pobre enamorado.

330. El amor, el amor,
que no nos da tregua.

331. ¿Ella no te dio esperanzas?

332. No.

333. ¿Pero en fin, por qué me dice usted todo esto?

FORD
Ve lo dird. Voi siete un gentiluomo
prode, arguto, facondo
voi siete un uom di guerra,
voi siete un uom di mondo.

FALSTAFF
Oh!

FORD
Non v'adulo,
e quello è un sacco di monete;
spendetele! Spendetele!
Sì spendete e spandete
tutto, il mio patrimonio!
Siate ricco e felice!
Ma, in contraccambio,
chiedo che conquistiate Alice!

FALSTAFF
Strana ingiunzion!

FORD
Mi spiego: quella crudel beltà
sempre è vissuta in grande fede di castità
La sua virtù importuna
m'abbarbagliava gli occhi,
la bella inespugnabile dicea:
"Guai se mi tocchi!"
Ma se vpoi l'espugnate,
poi posso anch'io sperar,
da fallo nasce fallo
e allor... Che ve ne par?

FALSTAFF
Prima di tutto, senza complimenti,
Messere, accetto il sacco.
Poi (fede il cavaliere; qua la mano!)
fari le vostre brame sazie.
Voi, la moglie di Ford possederete.

FORD
Grazie!

FALSTAFF
Io son già molto innanzi,
non c'è ragion ch'io taccia con voi
fra una mezz'ora sarà nelle mie braccia.

334. Se lo diré. Usted es un caballero
valiente, galante, elocuente
usted es un hombre de guerra,
usted es un hombre de mundo.

335. ¡Oh!

336. ¡No lo adulo,
es ese un saco de monedas;
gástelo! Gástelo.
¡Si gástelo y derroche
todo mi patrimonio!
¡Sea rico y feliz!
¡Pero a cambio,
le pido que conquiste a Alice!

337. ¡Qué extraña solicitud!

338. Me explico: esa cruel beldad
siempre ha vivido como modelo de castidad
Su virtud importuna
me cegaba los ojos,
la bella inexpugnable decía:
"¡Guía si me tocan!"
Pero si usted la conquista
después yo puedo también tenerla,
de la culpa nace la culpa
y entonces... ¿Qué le parece?

339. Primero que todo, sin cumplimentes,
Señor, acepto el saco.
Después (¡Trato de caballeros, la mano!)
haré que se sacie vuestro deseo.
Usted, poseerá a la mujer de Ford.

340. ¡Gracias!

341. Yo estoy ya en el camino,
no hay razón para que yo calle ante usted,
dentro de media hora estará en mis brazos.

FORD
Chi?

FALSTAFF
Alice.
Essa mandò dianzi una confidente
per dirmi che quel tanghero
di suo marito è assente
dalle dua alle tre.

FORD
Dalle dua alle tre.
Lo conoscete?

FALSTAFF
Il diavolo se io porti all'inferno
con Menelao suo avolo!
Quel tanghero, quel tanghero! Vedrai!
Vedrai! Te lo cornifico netto!
Se mi frastorna gli sparo
una girandola di botte sulle corna!
Quel Messer Ford è un buè! Un buè!
Vedrai! Te lo corbello.
Vedrai, vedrai, vedrai!
Te lo cornifico netto, netto, netto!
Ma è tardi. Aspettami qua.
Vado a fami bello.

Toma la bolsa de ora y sale.

FORD
È sogno? o realtà?
Due rami enormi crescon sulla mía testa.
È un sogno? Mastro Ford! Mastro Ford!
Dormi? Svegliati! Su! Ti desta!
Tua moglie sgarra e mette in mal assetto
l'onoe tuo, la casa ed il tuo letto!
L'ora è fissata, tramato l'inganno,
sei grabbato e truffato! E poi diranno
che un marito geloso è un insensato!
Già dietro a me nomi d'infame conio
fischian passando, mormora lo scherno.
O matrimonio Inferno!
Donna! Demonio!
Nella lor moglie abbiam fede i babbei!
Affiderei la mia birra a un Tedesco,
tutto il mio desco a un Olandese lurco,
la mia bittiglia d'acquavite a un Turco,
non mia moglie a sè stessa.

342. ¿Quien?

343. Alice.
Ella mandó antes una confidente
para decirme que el tonto de su
marido está ausente
de las dos a las tres.

344. De las dos a las tres.
¿Lo conoce?

345. ¡Que el diablo se lo lleve al infierno
con su ancestro Menelao!
¡Ese patán, ese patán! ¡Tú lo verás!
¡Veras! ¡Lo golpearé entre los cuernos!
¡Si me molesta lo golpeare con un rehilete
de pólvora entre los cuernos!
¡Ese Señor Ford es un buey! ¡Un buey!
¡Verás! Yo lo corrijo.
¡Lo verás, lo verás, lo verás!
¡Lo golpearé entre los cuernos!
Pero es tarde. Espérame aquí.
Voy a ponerme guapo.

346. ¿Es un sueño? ¿Es realidad?
Dos enormes ramas crecen sobre mi cabeza.
¿Es un sueño? ¡Señor Ford! ¡Señor Ford!
¡Duermes? ¡Despierta! ¡Vamos! ¡Despierta!
¡Tu mujer desgarra y compromete
tu honor, tu casa y tu lecho!
¡La hora está fijada, tramado el engaño,
eres tonto, te han estafado! ¡Y después dirán
que un marido celoso es un insensato!
Ya detrás de mí, murmuran nombres infames
cuando voy pasando.
¡Oh, qué infierno es el matrimonio!
¡La mujer! ¡Un demonio!
¡Que confíen en sus mujeres los tontos!
Confiaré mi cerveza a un alemán,
mi mesa a un holandés voraz,
mi botella de aguardiente a un turco,
pero no mi mujer a ella misma.

FORD
O laida sorte!
Quella brutta parola in cor mi torna:
Le corna!
Bue! Capron! le fusa torte!
Ah! le corna, le corna!
Ma non mi sfuggirai! no!
sozzo reo, dannato, epicureo!
Prima li accoppio e poi li colgo!
Io scoppio!
Vendicherò l'affronto!
Laudata sempre sia
nel fondo del mio cor, la gelosia.

(continuó)
¡Oh suerte aborrecida!
Esa fea palabra regresa a mi corazón:
¡Los cuernos!
¡Buey! ¡Cabrón! ¡Los cuernos torcidos!
¡Ah! ¡Los cuernos, los cuernos!
¡Pero no escaparás! ¡No!
¡Sucio, villano, maldito, epicúreo!
¡Primero los junto y después los sorprendo!
¡Estoy estallando!
¡Vengaré la afrenta!
Que siempre sean premiados
los celos en el fondo de mi corazón.

Llega Falstaff vistiendo una chaqueta nueva, su sombrero y un bastón.

FALSTAFF
Eccomi qua. Son pronto.
M'accompagnate un tratto?

347. Aquí estoy. Estoy listo.
¿Me acompañarás un trecho?

FORD
Vi metto sulla via.

348. Lo llevo hasta la calle.

Llegan a la puerta y cada uno cede el paso al otro.

FALSTAFF
Prima voi.

349. Primero usted.

FORD
Prima voi.

350. Primero usted.

FALSTAFF
No, No. Sonno in casa mia
Passate.

351. No, No. Estamos en mi casa.
Pase.

FORD
Prego.

352. Por favor.

FALSTAFF
È tardi. L'appuntamento preme.

353. Es tarde. El tiempo apremia.

FORD
Non fate complimenti.

354. No haga cumplimientos.

FALSTAFF
Passate!

355. ¡Pase usted!

FORD
Prego!

356. ¡Por favor!

FALSTAFF
Passate!

357. ¡Pase usted!

FORD
Prego!

358. ¡Por favor!

FALSTAFF, FORD
Ebben...passiamo insieme!

359. ¡Bien...pasemos juntos!

Falstaff toma a Ford del brazo y salen juntos.

SEGUNDA PARTE.

Una habitación en la casa de Windsor una gran ventana.
Puertas a derecha e izquierda, una tercera puerta cerca de la esquina derecha
de la habitación que abre a una escalinata.
Otra esdinata en la esquina opuesta. El jardin es visible atraves de la ventana que está abierta.
Una chimenea, varios muebles. Un biombo cerca de la pared. Una mesa con un florero y flores.

Entran riendo Alice y Meg. Nannetta, triste, entra con ellas y se queda a un lado.

ALICE
Presenteremo un "bill" per una tassa
al parlamento sulla gente grassa.

360. Presentaremos un "bill" en el parlamento
para que la gente gorda pague impuestos.

QUICKLY
Comari!

361. ¡Muchachas!

ALICE
Ebben?

362. ¿Y bien?

MEG
Che c'è?

363. ¿Qué hay?

QUICKLY
Sarà sconfitto!

364. ¡Será derrotado!

ALICE
Brava!

365. ¡Bravo!

QUICKLY
Fra poco gli farem la festa!

366. ¡Dentro de poco le haremos la fiesta!

ALICE, MEG
Bene!

367. ¡Bien!

QUICKLY
Piombò nel laccio a capofitto.

368. Cayó de cabeza en el lazo.

ALICE
Narrami tutto, lesta.

369. Cuéntame todo, rápido.

MEG, ALICE
Lesta.

370. Rápido.

QUICKLY
Giunta all'Albergo della Giarrettiera
chiedo d'essere ammessa alla presenza
del Cavalier, segreta messaggera.
Sir John si degna d'accordarmi udienza,
m'accoglie tronfio in furfantesca posa:
"Buon giorno, buona donna"
"Reverenza"
A lui m'inchino molto ossequiosamente
poi passo alle notizie ghiotte.
Lui beve grosso
ed ogni mia massiccia frottola inghiotte
Infin, per farla spiccia
vi crede entrambe, innamorate cotte
delle bellezze sue.

E lo vedrete presto ai vostri piè.

ALICE
Quando?

QUICKLY
Oggi, qui, dalle due alle tre.

MEG, ALICE, QUICKLY
Dalle due alle tre.

ALICE
Son già le due!

Olà! Ned! Will!

Già tutto ho peparato.
Portate qua la cesta del bucato.

QUICKLY
Sarà un affare gaio!

ALICE
Nannetta, e tu non ridi?
Che cos'hai?
Tu piangi? Che cos'hai?
Dillo a tua madre.

NANNETTA
Mio padre.

ALICE
Ebben?

371. Cuando llegué al Garter Inn
pido ser admitida a la presencia
del Caballero, como una mensajera secreta.
Sir John se digna concederme audiencia,
me recibe con una pose fanfarrona:
"Buenos días, buena mujer"
"Su gracia"
Ante él me inclino obsequiosamente
después paso a darle la noticia.
Él bebe de prisa
y todas mis patrañas se las traga
En fin para hacerlo corto,
las cree a ambas enamoradas y locas
por su belleza.
        A Alice.
Y lo verás pronto a tus pies.

372. ¿Cuando?

373. Hoy, aquí, de las dos a las tres.

374. De las dos a las tres.

375. ¡Ya son las dos!
        Corre a la puerta y llama.
¡Hey! ¡Ned! ¡Will!
        A Quickly.
Ya he preparado todo.
Traigan aquí la cesta de la ropa sucia.

376. ¡Será un asunto grande!

377. ¿Nannetta y tú no te ríes?
¿Qué tienes?
¿Lloras? ¿Qué tienes?
Díselo a tu madre.

378. Mi padre.

379. ¿Si?

NANNETTA
...mio padre...
Vuole ch'io mi mariti al dottor Cajo!

380.   ...mi padre...
¡Quiere que me case con el doctor Cajus!

ALICE
A quel pedante?

381.   ¿Con ese pedante?

QUICKLY
Oibò!

382.   ¡Oh no!

MEG
A quel gonzo!

383.   ¡Con ese asno!

ALICE
A quel grullo!

384.   ¡Con ese idiota!

NANNETTA
A quel bisavolo!

385.   ¡Con ese bisabuelo!

ALICE, MEG, QUICKLY
No, no, no, no!

386.   ¡No, no, no, no!

NANNETTA
No, no! Piuttosto lapidata viva.

387.   ¡No, no! Mejor lapidada viva.

ALICE
Da una mitraglia di torsi di cavolo.

388.   Con una metralla de coles.

QUICKLY
Ben detto!

389.   ¡Bien dicho!

MEG
Brava!

390.   ¡Bravo!

ALICE
Non temer.

391.   No temas.

NANNETTA
Evviva!
Col dottor Cajo non mi sposerò!

392.   ¡Viva!
¡No me casaré con el doctor Cajus!

Entran los sirvientes cargando una canasta con ropa sucia.

ALICE
Mettete lá. Poi, quando avrò chiamato,
vuoterete la cesta nel fossato.

393.   Pónganla allí. Despúes cuando los llame,
vacíen la cesta en el canal.

NANNETTA
Bum!

394.   ¡Bum!

ALICE
Taci. Andate.

A los sirvientes.
395.   Calla. Salgan.

NANNETTA
Che bombardamento!

396. ¡Qué bombardeo!

ALICE
Prepariamo la scena, qua una sedia.

397. Preparemos la escena. Aquí una silla.

NANNETTA
Qua il mio liuto.

398. Aquí mi laúd.

ALICE
Apriamo il paravento.

399. Abramos el biombo.

Nannetta y Meg toman el biombo, lo abren y lo ponen frente a la chimenea tapando la canasta.

ALICE
Bravissime! Così.
Più aperto ancora.
Fra poco s'incomincia la commedia!
Gaie comari di Windsor! È l'ora!
L'ora d'alzar la risata sonora!
L'alta risata che scoppia, che scherza,
che sfolgora, armata di dardi e di sferza!
Gaie comari! Festosa brigata!
Sul lieto viso spunti il sorriso,
splenda del riso l'acuto fulgor!
Favilla incendiaria di gioia nell'aria,
di gioia nel cor.

A noi!
Tu la parte farai che ti spetta.

400. ¡Bravísimo! Así.
Aún más abierto.
¡Dentro de poco comienza la comedia!
¡Alegres señoras de Windsor! ¡Es la hora!
¡La hora de soltar la risa sonora!
¡La gran risa que revienta, que divierte,
que fulgura, armada de dardos y de látigos!
¡Alegres señoras! ¡Brigada festiva!
¡En su alegre rostro despunta la sonrisa,
resplandece de la risa el agudo fulgor!
Chispas incendiarias de alegría en el aire,
de alegría en el corazón.
    A Meg.
¡A nosotras!
Tú harás la parte que te toca.

MEG
Tu corri il tuo rischio
col grosso compar.

    A Alice.
401. Tú corre tu riesgo
con tu gordo amigo.

QUICKLY
Io sto alla vedetta.

402. Yo estará observando.

ALICE
Se sbagli ti fischio.

    A Quickly.
403. Si me tropiezo, te silbo.

NANNETTA
Io resto in disparte sull'uscio a spiar.

404. Yo estaré aquí en la puerta para espiar.

ALICE
E mostreremo all'uom che l'allegria
d'oneste donne ogni
onestà comporta.
Fra le femmine quella è la più ria
che fa la gattamorta.

405. Y mostraremos al hombre que la alegría
de damas honestas,
se comporta con honestidad.
Entre las mujeres la más mala
es la mosca muerta.

49

QUICKLY
Eccolo! È lui!

Mirando por la ventana.
406. ¡Ahí está! ¡Es él!

ALICE
Dov'è?

407. ¿En dónde está?

QUICKLY
Poco discosto.

408. Cerca.

NANNETTA
Presto.

409. Rápido.

QUICKLY
A salir s'avvia.

410. Se dispone a subir.

ALICE
Tu di quà, tu di là.
Al posto!

A Nannetta y a Meg.
411. Tú aquí, tú allá.
¡A sus lugares!

NANNETTA
Al posto!

412. ¡A sus lugares!

MEG, QUICKLY
Al posto!

413. ¡A sus lugares!

Alice se sienta a la mesa, toma el laud y toca unos acordes.

FALSTAFF
"Alfin t'ho colto!"
"Raggiante fior!"
"T'ho colto!"

Entrando.
414. "¡Al fin te he atrapado!"
"¡Radiante flor!"
"¡Te he atrapado!"

Abraza a Alice por la cintura, ella deja de tocar y se levanta.

Ed or potrò morir felice.
Avrò vissuto molto
dopo quest'ora di beato amor.

Ahora podré morir feliz.
Habré vivido mucho
después de ésta hora de bendito amor.

ALICE
O soave Sir John!

415. ¡Oh dulce Sir John!

FALSTAFF
Mia bella Alice!
Non so far lo svenevole,
nè lusingar, nè usar frase fiorita,
ma dirò tosto
un mio pensier colpevole.

416. ¡Mi bella Alice!
No sé desmayarme,
ni desvanecerme, ni usar frases floridas,
pero te diré
mi pensamiento culpable.

ALICE
Cioè?

417. ¿Cuál es?

FALSTAFF
Cioè: Vorrei che Mastro Ford
passasse a miglior vita.

ALICE
Perchè?

FALSTAFF
Perchè? Lo chiedi?
Saresti la mia Lady
e Falstaff il tuo Lord!

ALICE
Povera Lady inver!

FALSTAFF
Degna d'un Re.
T'immagino fregiata del mio stemma,
mostrar fra gemma e gemma
la pompa del tuo sen.
Nell'iri ardente e mobile
dei rai dell'adamante,
col picciol piè nel nobile
cerchio d'un guardinfante
risplenderai più fulgida
d'un ampio arcobaleno.

ALICE
Ogni più bel gioiel mi nuoce
e spregio il finto idolo d'or.
Mi basta un vel legato in croce,
un fregio al cinto e in testa un fior.

FALSTAFF
Sirena!

ALICE
Adulator!

FALSTAFF
Soli noi siamo
e non temiamo agguato.

ALICE
Ebben?

FALSTAFF
Io t'amo!

ALICE
Voi siete nel peccato!

418. Es este: quisiera que el Señor Ford
pasase a mejor vida.

419. ¿Porqué?

420. ¿Porqué? ¿Quieres saber?
¡Serias mi Lady
y Falstaff tu Lord!

421. ¡En verdad pobre Lady!

422. Digna de un Rey.
Te imagino unida a mi linaje,
mostrar entre gema y gema
la pompa de tu seno.
En el iris ardiente y móvil
con rayos de diamante
con pequeño pie cercado
por la noble crinolina
resplandecerás más brillante
que un gran arcoíris.

423. Todas las joyas me opacan
y desprecio a los falsos ídolos de oro.
Me basta un velo cruzado,
un adorno en la cintura y una flor en el pelo.

424. ¡Sirena!

425. ¡Adulador!

426. Estamos solos
y no tememos ninguna emboscada.

427. ¿Y bien?

428. ¡Yo te amo!

429. ¡Tú estás en el pecado!

FALSTAFF
Sempre l'amor l'occasione azzecca.

ALICE
Sir John!

FALSTAFF
Chi segue vocazion non pecca.
T'amo! e non è mia colpa.

ALICE
Se tanta avete vulnerabil polpa.

FALSTAFF
Quand'ero paggio del Duca di Norfolk
ero sottile, sottile, sottile,
ero un miraggio vago, leggiero, gentile.
Quello era il tempo del mio verde aprile,
quello era il tempo del mio lieto maggio.
Tant'era smilzo, flessibile e snello
che sarei guizzato attraverso un anello.

ALICE
Voi mi celiate.
Io temo i vostri inganni.
Temo che amiate.

FALSTAFF
Chi?

ALICE
Meg.

FALSTAFF
Colei? M'è in uggia la sua faccia.

ALICE
Non traditemi, John.

FALSTAFF
Mi par mill'anni
d'avverto fra le braccia.

T'amo!

ALICE
Per carità!

FALSTAFF
Vieni!

430.	El amor siempre aprovecha la ocasión.
431.	Sir John!
432.	Quien sigue a su vocación, no peca. ¡Te amo! Y no es mía la culpa.
433.	La carne es debil y tú tienes mucha.
434.	Cuando era paje del Duque de Norfolk era delgado, delgado, delgado, era un milagro, guapo, ligero, gentil. Aquel era el tiempo de mi verde abril, aquel era el tiempo de mi alegre mayo. Era tan delgado, flexible y esbelto que podía atravesar un anillo.
435.	Estas bromeando. Yo temo a vuestro engaño. Temo que amas.
436.	¿A quién?
437.	Meg.
438.	¿A ella? Me choca su cara.
439.	No me traiciones, John.
440.	Me parecen mil años los que he esperado para tenerte en mi brazo. *La persigue tratando de abrazarla.* ¡Te amo!
441.	*Defendiéndose.* ¡Por caridad!
442.	¡Ven!

QUICKLY
Signora Alice!

FALSTAFF
Chi va là?

QUICKLY
Signora Alice!

ALICE
Chi c'è?

QUICKLY
Mia signora! C'è Mistress Meg,
e vuol parlarvi, sbuffa
strepita, s'abbaruffa.

FALSTAFF
Alla malora!

QUICKLY
E vuol passare e la trattengo a stento.

FALSTAFF
Dove m'ascondo?

ALICE
Dietro il paravento.

Falstaff va detras del biombo.
Quickly le hace señas a Meg que está detras de la puerta para que entre.
Meg entra haciendo gran escándalo. Quickly sale.

MEG
Alice! Che spavento!
Che chiasso! Che discordia!
Non perdere un momento! Fuggi!

ALICE
Misericordia! Che avvene?

MEG
Il tuo consorte vien
gridando "accorr-uomo!"
Dice.

ALICE
Parla più forte.

MEG
...Che vuol scannare un uomo!

443. *Grita desde la antesala.*
¡Señora Alice!

444. ¿Quién es?

445. *Entra fingiendo agitación.*
¡Señora Alice!

446. ¿Qué pasa?

447. ¡Señora mía! Es Mistress Meg,
y quiere hablarle, resopla
grita furiosa.

448. ¡En qué mala hora!

449. Y quiere entrar, apenas puedo detenerla.

450. ¿En dónde me escondo?

451. Detrás del biombo.

452. ¡Alice! ¡Qué miedo!
¡Qué tumulto! ¡Qué discordia!
¡No pierdas ni un momento! ¡Huye!

453. ¡Misericordia! ¿Qué pasa?

454. Viene tu consorte
gritando "¡socorro!"
Dice.

455. Habla más fuerte.

456. ...¡Que quiere degollar a un hombre!

ALICE
Non ridere.

MEG
Ei correva invaso da tremendo furor,
maledicendo tutte le figlie d'Eva!

ALICE
Misericordia!

MEG
Dice che un tuo ganzo hai nascosto,
lo vuole ad ogni costo scoprir.

QUICKLY
Signora Alice! Vien Mastro Ford!
Salvatevi! È come una tempesta!
Strepita, tuona, fulmina,
si dà dei pugni in testa,
scoppia in minacce ed urla.

ALICE
Dassenno oppur da burla?

QUICKLY
Dassenno. Egli scavalca
le siepi del giardino
Lo segue una gran calca
di gente...è già vicino
Mentr'io vi parlo
ei valca l'ingresso.

FORD
Malandrino!

FALSTAFF
Il diavolo cavalca
sull'arco di un violino!

FORD
Chiudete le porte!
Sbarrate le scale!
Seguitemi a caccia!
Scoviamo il cignale!

Correte sull'orme, sull'usta.

Tu fruga negli anditi.

BARDOLPH, PISTOL
A caccia!

457. No te rias.

458. ¡El corría invadido por tremendo furor
maldiciendo a todos los hijos de Eva!

459. ¡Misericordia!

460. Dice que has escondido a tu amante,
lo quiere descubrir a cualquier costo.

Regresa aterrorizada.
461. ¡Señora Alice! ¡Viene el Señor Ford!
¡Sálvese! ¡Es como una tempestad!
Truena, hecha rayos, fulmina,
de da puñetazos en la cabeza,
grita amenazante y aúlla.

462. ¿Es verdad o es parte de una broma?

463. Es verdad. El sube
por el seto del jardín...
Lo sigue un gentío...
ya está cerca...
Mientras le hablo
él llega a la entrada.

Aullando desde afuera.
464. ¡Malandrín!

465. ¡El diablo cabalga
sobre el arco de un violín!

Gritando a quien lo sigue.
466. ¡Cierren las puertas!
¡Bloqueen las escaleras!
¡Síganme en la cacería!
¡Busquemos al jabalí!
Entran corriendo Cajus y Fenton.
Sigan su huella, su olor.
A Fenton.
Tú busca en los pasillos.

Irrumpiendo.
467. ¡A la cacería!

FORD
Sventate la fuga! Cercate là dentro!

A Bardolph y Pistol.

468.   ¡Que no escape! ¡Busquen allá adentro!

Bardolph y Pistol corren a la otra habitación con sus bastones listos.

ALICE
Sei tu dissennato? Che fai?

A Ford.

469.   ¿Estás loco? ¿Qué haces?

FORD
Chi c'è dentro quel cesto?

470.   ¿Quién está dentro de ese cesto?

ALICE
Il bucato.

471.   La ropa sucia.

FORD
Mi lavi! Rea moglie!

472.   ¡Tú me lavas! ¡Mala mujer!

Le lanza un manojo de llaves al Dr. Cajus.

Tu, piglia le chiavi,
rovista le casse!

¡Tú, toma éstas llaves,
revisa los cofres!

Volviéndose a Alice.

Ben tu mi lavi!
Al diavolo i cenci?
Sprangatemi l'uscio del parco!

¡Tú me lavas bien!
¡Al diablo esos harapos!
¡Cierren la puerta del jardín!

El busca furioso entre las sábanas y la ropa del cesto.

Camicie, gonnelle!
Or ti sgucsio, briccon!
Stroffinaci! Via! Via!
Cuffie rote! Ti sguscio.
Lenzuola, berretti da notte!
Non c'è!

¡Camisas, faldas!
¡Ahora te mato, bribón!
¡Harapos! ¡Largo! ¡Largo!
¡Boinas rotas! ¡Te encontraré!
¡Sábanas, gorras de noche!
¡No está!

ALICE, MEG, QUICKLY
Che uragano!

473.   ¡Qué huracán!

FORD
Cerchiam sotto il letto,
nel forno, nel bagno, nel pozzo,
sul tetto, in cantina.

474.   Busquemos debajo del lecho,
en el horno, en el baño, en el pozo,
sobre el techo, en la cantina.

MEG
È farnetico!

475.   ¡Está frenético!

QUICKLY
Cogliam tempo.

476.   Ganemos tiempo.

ALICE
Troviamo modo com'egli esca.

477.   Debemos encontrar el modo de sacarlo de aquí.

MEG
Nel panier.

478.   En el cesto.

ALICE
No, là dentro non c'entra,
è troppo grosso.

479. No, ahí no cabe,
está muy gordo.

FALSTAFF
Vediam; si c'entro.

Corriendo hacia la cesta.
480. Veamos, si quepo.

ALICE
Corra a chiamare i servi.

481. Corro a llamar a los sirvientes.

MEG
Sir John? Voi qui? Voi?

Fingiendo sorpresa
482. ¿Sir John? ¿Usted aquí? ¿Usted?

FALSTAFF
T'amo! Amo te sola!
Salvami! Salvami!

Entrando en la cesta.
483. ¡Te amo! ¡Solo a ti te amo!
¡Sálvame! ¡Sálvame!

QUICKLY
Svelto!

Cubriéndolo con la ropa.
484. ¡Rápido!

QUICKLY. MEG
Lesto!

485. ¡Rápido!

FALSTAFF
Ahí, ahí! Ci sto... Copritemi.

Batallando para entrar en el cesto.
486. ¡Ay, ay! Ya estoy dentro... Cúbranme.

QUICKLY
Presto! Colmiamo il cesto.

A Meg.
487. ¡Rápido! Llenemos el cesto.

Mientras las dos llenan el cesto con ropa llegan Fenton y Nannetta.

NANNETTA
Vien qua.

A Fenton.
488. Ven aquí.

FENTON
Che chiasso!

489. ¡Qué escándalo!

NANNETTA
Tanti schiamazzi! Segui il mio passo.

490. ¡Tanto cacareo! Sigue mis pasos.

FENTON
Casa di pazzi!

491. ¡Casa de locos!

NANNETTA
Qui ognun delira
con vario error.
Son pazzi d'ira.

492. Aquí todos deliran
por diferente causa.
Están locos de ira.

FENTON
E noi d'amor.

493. Y nosotros de amor.

NANNETTA
Seguimi. Adagio.

494. Sígueme. Despacio.

Lo lleva detras del biombo.

FENTON
Nessun m'ha scorto.

495. Nadie me ha visto.

NANNETTA
Tocchiamo il porto.

496. Pasamos la puerta.

FENTON
Siamo a nostr'agio.

497. Estemos agosto.

NANNETTA
Sta zitto e attento.

498. Permanece callado y atento.

FENTON
Vien sul mio petto!

Abrazándola.
499. ¡Ven junto a mi pecho!

NANNETTA
Il paravento.

500. El biombo.

NANNETTA, FENTON
...sia benedetto!

501. ...¡Bendito sea!

DR CAJUS
Al ladro!

Desde afuera.
502. ¡Al ladrón!

FORD
Al pagliardo!

Desde afuera.
503. ¡Al pelele!

DR CAJUS
Squartatelo!

504. ¡Descuartícenlo!

FORD
Al ladro!

505. ¡Al ladrón!
Bardolph y Pistol entran corriendo.

C'è?

¿Está aquí?

PISTOL
No.

506. No.

FORD
C'è?

507. ¿Está aquí?

BARDOLPH
Non c'è, no.

508. Nono está.

FORD
Vada a soquaddro la casa.

509. Volteen la casa al revés.

Bardolph y Pistol salen. Habiendo buscado en la chimenea.

DR CAJUS
Non trovo nessuno.

510. No encuentro a nadie.

FORD
Eppur giuro che l'uomo è qua dentro.
Ne sono sicuro, sicuro, sicuro!

511. Juro que el hombre está adentro.
¡Estoy seguro, seguro, seguro!

DR CAJUS
Sir John! Sarò gaio quel di
che ti veda dar calci a rovaio!

512. ¡Sir John! ¡Estaré contento el día
en que te vea colgado!

FORD

Tratando de abrir un guardaropa.
Vien fuora, furfante!
O bombardo le mura!

513. ¡Ven afuera, bribón!
¡O bombardeo las paredes!

DR CAJUS
T'arrendi!

514. ¡Ríndete!

FORD
Vien fuora! Codardo! Sugliardo!

515. ¡Ven afuera! ¡Cobarde! ¡Libertino!

BARDOLPH, PISTOL
Nessuno!

516. ¡Nadie!

FORD
Cercatelo ancora!
T'arrendi! Scafandro!

517. ¡Búsquenlo otra vez!
¡Ríndete! ¡Crápula!

Finalmente abre el guardaropa.
Non c'è!
¡No está!

DR CAJUS

Abriendo un cofre.
Vien...fuori! Non c'è!
Pappalardo! Beòn! Bada a te!

518. ¡Ven...afuera! ¡No está!
¡Glotón! ¡Beodo! ¡Cuídate!

FORD
Scagnardo! Falsardo! Briccon!

519. ¡Cobarde! ¡Mentiroso! ¡Bribón!

Nannetta y Fenton se besan sonoramente.

FORD
C'è.

520. Ahí está.

DR CAJUS
C'è.

521. Ahí está.

FORD

Silenciosamente se aproxima al biombo.
Se t'agguanto!

522. ¡Te atrapé!

DR CAJUS
Se ti piglio!

523. ¡Si te atrapo!

FORD
Se t'acciuffo!

524. ¡Si te agarro!

DR CAJUS
Se t'acceffo!

FORD
Ti sconquasso!

DR CAJUS
T'arronciglio come un can!

FORD
Ti rompo il ceffo!

DR CAJUS
Guai a te!

FORD
Prega il tuo santo!

QUICKLY
Facciamo le viste
d'attendere ai panni,
pur che ei non c'inganni
con mosse impreviste.
Finor non s'accorse
di nulla, egli può sorprenderci forse,
confonderci no.

MEG
Facciamogli siepe
fra tanto scompiglio.
Nè giuochi il periglio
è un grano di pepe.
Il rischio è un diletto
che accresce l'ardor,
che stimola inpetto
gli spiriti e il cor.

DR CAJUS
Guai se alfin con te m'azzuffo!
Se ti piglio!

FORD
Se t'agguanto!

DR CAJUS
Se t'acceffo!

FORD
Se t'acciuffo!

BARDOLPH
Non si trova.

525. ¡Si te agarro!

526. ¡Te aplasto!

527. ¡Te amarraré como a un perro!

528. ¡Te rompo tu fea cara!

529. ¡Pobre de ti!

530. ¡Ruega a tu santo!

A Meg.
531. Finjamos
que estamos lavando,
para que no nos engañe
con movimientos imprevistos.
Hasta ahora él no ha hecho nada
pero quizás él puede sorprendernos
pero no confundirnos.

A Quickly.
532. Hagámosle un cerco
entre tanto desorden.
En el juego el peligro
es como un grano de pimienta.
El riesgo es una delicia
que acrecienta el ardor,
que estimula en nuestro seno
el espíritu y el corazón.

533. ¡Pobre de tú si peleo contigo!
¡Si te atrapo!

534. ¡Si te hecho el guante!

535. ¡Si te cacho!

536. ¡Si te agarro!

537. No se encuentra.

PISTOL
Non si coglie.

FORD
Pss...qua tutti.

L'ho trovato.
Là c'è Falstaff con mia moglie.

BARDOLPH
Sozzo can vituperato!

FORD, DR CAJUS, PISTOL
Zitto!

FALSTAFF
Affogo!

QUICKLY
Sta sotto, sta sotto.

FALSTAFF
Affogo!

MEG
Or questi s'insorge.

QUICKLY
Se l'altro ti scorge sei morto!
Sta sotto! sta sotto!

FORD
Urlerai dopo!
Là s'è udito il suon d'un bacio.

BARDOLPH
Noi dobbiam pigliare il topo
mentre sta rodendo il cacio.

FORD
Ragioniam...

FENTON
Bella ridente!
Oh! Come pieghi
verso i miei prieghi
donnescamente!
Come ti vidi
m'innamorai
e tu sorridi
perche lo sai.

538. No lo hemos atrapado.

   A Bardolph, Pistol y sus acompañantes.
539. Pss...aquí todos.
   Indicando el biombo.
   Lo he encontrado.
   Ahí está Falstaff con mi mujer.

540. ¡Perro sucio maldito!

541. ¡Silencio!

542. ¡Me ahogo!

   Metiéndolo en la cesta.
543. Quédate abajo, quédate abajo.

544. ¡Me ahogo!

545. Ahora éste se queja.

   A Falstaff.
546. ¡Si alguien te descubre, estás muerto!
   ¡Quédate abajo, quédate abajo!

547. ¡Gritarás después!
   Ahí se ha oído el sonido de un beso.

548. Nosotros debemos atrapar al ratón
   mientras está royendo el queso.

549. Razonemos...

   A Nannetta.
550. ¡Bella, sonriente!
   ¡Oh! ¡Como llegaste
   ante mis ruegos
   como una mujer!
   Cuando te vi
   me enamoré
   y tu sonríes
   porque lo sabes.

NANNETTA
Mentre quei vecchi
corron la giostra,
noi di sottechi
corriam la nostra.
L'amor non ode
tuon nè bufere,
vola alle sfere
beate e gode.

FORD
...Colpo non vibro
senza un piano di battaglia.

BARDOLPH, PISTOL, SIRVIENTES
Bravo!

DR CAJUS
Un uom di quel calibro
con un soffio ci sbaraglia!

FORD
La mia tattica maestra
le sue mosse pria registra

Voi sarete alla destra,

noi sarem alla sinistra,
e costor con pie gagliardo
sfonderanno il baluardo.

BARDOLPH, PISTOL, SIRVIENTES
Bravo!

DR CAJUS
Bravo, Generale.
Aspettiamo un tuo segnale.

NANNETTA
Lo spritello d'amor volteggia.

FENTON
Già un sogno bello d'Imene albeggia.

FALSTAFF
Son cotto!

MEG
Sta sotto!

FALSTAFF
Che caldo!

551. Mientras esos viejos
corren en su justa,
nosotros en nuestro escondrijo
corremos en la nuestra.
El amor no oye
truenos ni tempestades,
vuela al cielo
bendito y feliz.

552. ...No golpeare
sin un plan de batalla.

553. ¡Bravo!

554. ¡Un hombre de ese calibre
con un soplo nos derrota!

555. Mi táctica maestra
primero deben conocerla
    A Pistol y sus acompañantes.
Ustedes estarán a la derecha,
    A Bardolph y Cajus
nosotros estaremos a la izquierda,
y ustedes con pie gallardo
abatiremos el baluarte.

556. ¡Bravo!

557. Bravo, General.
Esperamos tu señal.

558. El pequeño espíritu del amor revolotea.

559. Ya un bello sueño de boda está en el alba.

560. ¡Me han atrapado!

561. ¡Quédate abajo!

562. ¡Qué calor!

QUICKLY
Sta sotto!

FALSTAFF
Mi squaglio!

MEG
Il ribaldo vorrebbe un ventaglio!

FALSTAFF
Un breve spiraglio, non chiede di più.

QUICKLY
Ti metto il bavaglio se parli.

MEG, QUICKLY
Giù, giù, giù, giù!

NANNETTA
Tutto delira, sospiro e riso
sorride il viso e il cor sospira
dolci richiami d'amor.

FENTON
Fra quelle ciglia veggo due fari
a meraviglia sereni e chiari.

FORD
Senti, accosta un pò l'orecchio!
Che patetici lamenti!
Su quel nido d'usignuoli
scoppierà fra poco il tuon.

BARDOLPH
È la voce della donna
che risponde al cavalier.

DR CAJUS
Sento, sento,
sento, intendo e vedo chiaro
delle femmine gl'inganni.

PISTOL
Ma fra poco il lieto gioco
turberà dura lezion.
Egli canta, ma fra poco
muterà la sua canzon.

563. ¡Quédate abajo!

564. ¡Me derrito!

565. ¡Nuestro bribón quiere un abanico!

566. Un breve respiro, no pido más.

567. Te pondré una mordaza si hablas.

Empujándolo dentro de la cesta.
568. ¡Abajo, abajo, abajo!

569. Todo delira, suspiros, y risas
sonde el rostro y el corazón suspira
dulce reclamo de amor.

570. Entre tus pestañas veo dos faros
claros y maravillosamente serenos.

A Cajus mientras pone su oreja en el biombo.
571. ¡Escucha, pon aquí tu oreja!
¡Qué patéticos lamentos!
Sobre ese nido de ruiseñores
caerá dentro de poco el trueno.

572. Es la voz de la mujer
que responde al caballero.

Acercando su oreja al biombo.
573. Escucho, escucho,
escucho, entiendo y veo claro
de la fémina el engaño.

574. Pero dentro de poco el alegre juego
terminará en dura lección.
El canta pero dentro de poco
cambiará su canción.

VECINOS
S'egli cade più non scappa
nessun più lo puo salvar.
Nel tuo diavolo t'incappa
che tu possa strammazzar!

575.   Si él se cae, no escapará
nadie lo puede salvar.
¡Aunque te unas al diablo
no podrás escapar!

MEG
Parliam sottocove
gurdando il Messer
che brontola e cuoce
nel nostro panier.

A Quickly.
576.   Hablemos en voz baja
mirando al señor
que gruñe y se cote
en nuestra canasta.

QUICKLY
Costui s'è infardato
di tanta viltà
che darlo al bucato
è averne pieta.

577.   Él se ha enfangado
con tanta vileza
que aventarlo al canal
es tenerle piedad.

FALSTAFF
Ouff! cesto molesta!

578.   ¡Uff! ¡Cesta mugrosa!

ALICE
Silenzio!

579.   ¡Silencio!

FALSTAFF
Protesto!

580.   ¡Protesto!

MEG, QUICKLY
Che bestia restia!

581.   ¡Qué terca bestia!

FALSTAFF
Portatemi via!

582.   ¡Llévenme de aquí!

MEG
È matto furibondo!

583.   ¡Es un loco furibundo!

FALSTAFF
Aiuto!

584.   ¡Auxilio!

FENTON
Dimmi se m'ami!

585.   ¡Dime si me amas!

NANNETTA
Si, t'amo!

586.   ¡Si te amo!

FENTON
T'amo!

587.   ¡Te amo!

FORD
Zitto! A noi! Quest'è il momento.
Zitto! Attenti! Attenti a me!

588.   ¡Silencio! ¡A nosotros! Este es el momento.
¡Silencio! ¡Atentos! ¡Atentos a mí!

DR CAJUS
Dà il segnai.

589.   Danos la señal.

FORD
Uno...due...tre.

590.   Uno...dos...tres.

Ellos derriban el biombo. Nannetta y Fenton al ser descubiertos se apenan.

DR CAJUS
Non è lui!

591.   ¡No es él!

TODOS
Sbalordimento!

592.   ¡Qué horror!

ALICE, QUICKLY, MEG
È il finimondo!

593.   ¡Es el fin el mundo!

NANNETTA, FENTON
Ah!

594.   ¡Ah!

FORD
Ancor nuove rivolte!

Tu va pè fatti tuoi!
L'ho detto mile volte,
costei non fa per voi.

595.   *A Nannetta.*
¡De nuevo te has rebelado!
A Fenton.
¡Tú, ve a atender tus asuntos!
Te lo he dicho mil veces,
ella no es para ti.

Nannetta asustada corre y Fenton sale.

BARDOLPH, PISTOL
È là! Ferma!

596.   ¡Allí está! ¡Deténganlo!

FORD
Dove?

597.   ¿En dónde?

BARDOLPH, PISTOL
Là sulle scale.

598.   Allá allá, en la escalera.

FORD
Squartatelo!

599.   ¡Descuartícenlo!

DR CAJUS, PISTOL, BARDOLPH
A caccia!

600.   ¡A la cacería!

QUICKLY
Che caccia infernale!

601.   ¡Qué cacería infernal!

Los hombres corren hacia la escalera.

ALICE
Ned! Will! Tom! Isaac!
Su! Presto! Presto!

602.   ¡Ned! ¡Will! ¡Tom! ¡Issac!
¡Vamos! ¡Rápido! ¡Rápido!

Llega Nanneta con los cuatro sirvientes y un paje.

Rovesciate quel cesto
dalla finestra nell'acqua del fosso.
Là! presso alle giuncaie
davanti al crocchio delle lavandaie.

Vacíen ese cesto
por la ventana al agua del foso.
¡Allá! Cerca de los juncos
adelante del grupo de lavanderas.

MEG, QUICKLY, NANNETTA
Sì, sì, sì, sì!

603.   ¡Si, si, si, si!

Los sirvientes encuentran muy pesada la cesta.

NANNETTA
C'è dentro un pezzo grosso.

604.   Ahí hay algo muy pesado.

ALICE
Tu chiama mio marito.

605.   *Al paje.*
Tú llama a mi marido.
A Meg.

Gli narreremo il nostro caso pazzo.
Solo al vedere il Cavalier nel guazzo,
d'ogni gelosa ubbia sarà guarito.

Le narraremos nuestra loca historia.
Al ver al Caballero en ese aprieto,
se calmarán todos sus celos.

QUICKLY
Pesa!

606.   *A los sirvientes.*
¡Pesa!

ALICE, MEG
Coraggio!

607.   ¡Tengan valor!

NANNETTA
li fondo ha fatto crac!

608.   ¡El fondo ha hecho crac!

NANNETTA, MEG, QUICKLY
Su!

609.   ¡Vamos!

Los sirvientes se las arreglan para llevar la cesta hasta la ventana.

ALICE
Trionfo!

610.   ¡Triunfo!

MEG, ALICE. QUICKLY
Trionfo! Ah, ah!

611.   ¡Triunfo! ¡Ja, ja!

El cesto, Falstaff y la ropa sucia bajan volando por la ventana.

ALICE
Che tonfo!

612.   ¡Qué ruido!

NANNETTA, MEG
Che tonfo!

613.   ¡Qué ruido!

TODAS
Patatrac!

614.   ¡Patatrac!

Un gran grito, seguido porla escandalosa risas de las lavanderas y de Alice, Meg y Quickly.
Ford regresa con los hombres. Cuando Alice vé a su marido, lo toma del brazo y lo conduce a la ventana.
Para que vea el destino final del gordo conquistador.

Acto Tercero

PRIMERA PARTE
Una plaza en Windsor.
A la derecha, la fachada del Garter Inn con una bandera que dice:
HONI SOIT QUI MAL Y PENSÉ.
Es el atardecer. Falstaff está sentado en un banco a un lado de la puerta.

FALSTAFF

Ehi! Taverniere!	615.	¡Hey! ¡Tabernero!
Mondo ladro! Mondo rubaldo!		¡Mundo ladrón! ¡Mundo canalla!
Reo mondo!		¡Mundo malo!
		Llega el tabernero.
Tavernier, un bicchier di vin caldo.		Tabernero, trae un vaso de vino caliente.
Io dunque, avrò vissuto tanti anni,		Yo habiendo vivido tantos años,
audace e destro Cavaliere,		como audaz y diestro Caballero, termino
per essere portato in un canestro		siendo llevado en un canasto
e gittato al canale		y arrojado al canal
co'pannillini biechi,		con la ropa apestosa,
come si fa coi gatti		como se hace con los gatos
e i catellini ciechi.		y con los gatitos ciegos recién nacidos.
Chè se non galleggiava per me		Si no hubiera sido por mi gran panza
quest'epa tronfia, certo affogavo.		seguramente me hubiera ahogado.
Brutta morte. L'acqua mi gonfia.		Qué fea es la muerte. El agua me hincha.
Mondo reo. Non c'è più virtù.		¡Mundo malo! Ya no hay honor en él.
Tutto declina.		Todo declina.
Va, vecchio John, va, va, per la tua via,		Ve viejo John, ve, ve por tu camino,
cammina finchè tu muoia.		camina hasta que mueras.
Allor scomparirà la vera		Entonces desaparecerá la verdadera
virilità dal mondo.		virilidad del mundo.
Che giuornataccia nera!		¡Qué jornada tan negra!
M'aiuti il del! Impinguo troppo.		¡Que el cielo me ayude! Engordo tanto.
Ho dei peli grigi.		Tengo el pelo gris.

Regresa el tabernero trayendo un gran vaso de vino humeante.

Versiamo un pò di vino	Vertamos un poco de vino
nell'acqua del Tamigi.	en el agua del Támesis.

Bebe el vino saboreándolo. Se desabotona el saco, se recarga en su silla y continua bebiendo.
Su espíritu se reanima.

FALSTAFF

Buono, Ber del vin dolce
e sbottonarsi al sole, dolce cosa!
Il buon vino sperde.
Le tetre fole dello sconforto
accende l'occhio e il pensier,
dal labbro sale al cervel
e quivi risveglia
il picciol fabbro dei trilli
un negro grillo che vibra
entro l'uom brillo.
Trilla ogni fibra in cor,
l'allegro etere al trillo guizza
e il giocondo globo squilibra
una demenza trillante.
E il trillo invade il mondo!

(continuó)

Bueno. ¡Beber vino dulce
y desabotonarse al sol es dulce cosa!
El buen vino disipa las penas.
Las sombras del desaliento
ascienden hasta los ojos y el pensamiento,
de los labios sube al cerebro
y aquí se despierta
el pequeño herrero de los trinos,
un negro grillo que vibra
dentro del hombre.
Trinan todas las fibras del corazón,
el alegre aire al trino salta
y el alegre globo equilibra
una demencia tronante.
¡Y el trino invade al mundo!

Entra Quickly, y le hace una reverencia.

QUICKLY

Reverenza! La bella Alice...

616. ¡Su Gracia! ¡La bella Alice...

FALSTAFF

Al diavolo te con Alice bella!
Ne ho piene le bisaccie!
Ne ho piene le budella!

617. ¡Al diablo tú y la bella Alice!
¡Tengo llena la panza!
¡Tengo llena la tripa!

QUICKLY

Voi siete errato.

618. Usted está equivocado.

FALSTAFF

Un canchero!
Sento ancor le cornate
di quell'irco gelso!
Ho ancor l'ossa arrembate
d'esser rimasto curvo,
come una buona lama di Bilbao
nello spazio d'un panierin di dama!
Con quel tufo! E quel caldo!
Un uom della mia tempra
che in uno stillicidio
continuo si distempra!
Poi, quando fui ben cotto,
rovente, incandescente,
m'han tuffato nel acqua.
Canaglie!

619. ¡Al diablo!
¡Aun siento la cornada
de aquel chivo celoso!
¡Todavía me duelen los huesos
de haber estado encorvado,
como una navaja de Bilbao
en el espacio de una canastita de dama!
¡Con ese tufo! ¡Y ese calor!
¡Un hombre con mi temperamento
que en un goteo
continuo se destempla!
Después, cuando estaba bien cocido,
rojo, incandescente,
me tiraron al agua.
¡Canallas!

Alice, Meg, Nannetta, Ford y el Dr. Cajus aparecen uno tras otro detrar
de una casa para espiar, sin ser vistos por Falstaff.

QUICKLY
Essa è innocente, essa è innocente
prendete abbaglio.

620. Ella es inocente, ella es inocente
Ustedes están equivocados.

FALSTAFF
Vattene!

621. ¡Vete!

QUICKLY
La colpa è di quei fanti malagurati!
Alice piange, urla invoca i santi.
Povera donna! V'ama. Leggete.

622. ¡La culpa es de esos malditos sirvientes!
Alice, llora, grita, invoca a los santos.
¡Pobre mujer! Os ama. Lea.

Ella le entrega una carta, Falstaff empieza a leerla.

ALICE
Legge.

623. La está leyendo.

FORD
Legge.

624. La está leyendo.

NANNETTA
Vedrai che ci ricasca.

625. Verán que cae otra vez.

ALICE
L'uomo non si corregge.

626. El hombre no se corrige.

MEG
Nasconditi.

627. Escóndete.

DR CAJUS
Rilegge.

628. Vuelve a leerla.

FORD
Rilegge. L'esca inghiotte.

629. La lee otra vez. Muerde el anzuelo.

FALSTAFF
"T'aspeterò nel parco Real,
a mezzanotte."
"Tu verrai travestito da Caciatore Nero"
"Alla quercia di Heme."

630. *Leyendo en voz alta.*
"Te esperaré en el parque Real,
a media noche."
"Tu vendrás vestido como el Cazador Negro"
"Al Roble de Heme."

QUICKLY
Amor ama il mistero.
Per rivedervi, Alice si val
d'una leggenda popolar.
Qella quercia è un luogo da tregenda.
Il Cacciatore Nero
c'è impeso ad un suo ramo.
V'ha chi crede vederlo ricomparir.

631. El amor ama el misterio.
Para volver a verlo, Alice se vale
de una leyenda popular.
Ese roble es en donde se citan los duendes.
El Cazador Negro
se colgó de una de sus ramas.
Hay quien cree verlo aparecerse.

Animado Falstaff, toma del brazo a Mrs. Quickly y camina con ella hacia la taberna.

FALSTAFF
Entriamo. Là si discorre meglio.
Narrami la tua frasca.

QUICKLY
Quando il rintocco della mezzanotte.

FORD
Ci casca.

QUICKLY
...Cupo si sparge nel silente orror,
sorgon gli spirti vagabondi a frotte...

ALICE
Quando il rintocco della mezzanotte
cupo si sparge nel silente orror
sorgon gli spirti vagabondi a frotte,
e vien nel parco il nero Cacciator.
Egli cammina lento, lento, lento,
nel gran letargo della sepoltura.
S'avanza livido.

NANNETTA
Oh! Che spavento!

MEG
Sento già il brivido della paura!

ALICE
Fandonie che ai bamboli
raccontan le nonne
con lunghi preamboli
per farli dormir.

ALICE, MEG, NANNETTA
Vendetta di donne non deve fallir.

ALICE
S'avanza livido e il passo converge
al tronco ove esalò l'anima prava.
Sbucan le Fate. Sulla fronte egl'erge
due corna lunghe, lunghe, lunghe.

FORD
Brava!
Quelle corna saranno la mia gioia!

ALICE
Bada!
Tu pur ti meriti qualche castigatoia!

632. Entremos. Alli se platica mejor.
Cuéntame la leyenda.

633. Cuando el reloj toca a la media noche.

634. Está cayendo.

635. ...La obscuridad se extiende en el silente hora
surgen los espíritus vagabundos...

636. Cuando el reloj suena a la media noche
la obscuridad se extiende en el silente horror,
surgen los espíritus vagabundos,
y llega al parque el Cazador Negro.
El camina lento, lento, lento,
con el letargo de la muerte.
Avanza lívido.

637. ¡Oh! ¡Qué miedo!

638. ¡Ya siento calosfríos de miedo!

639. Fantasías que a los niños
les cuentan las abuelas
con largos preámbulos
para hacerlos dormir.

640. La venganza de las mujeres no debe fallar.

641. Avanza lívido y sus pasos convergen
al tronco en donde exhaló su alma depravada.
Aparecen las Hadas. Sobre su frente surgen
dos cuernos largos, largos, largos.

642. ¡Bravo!
¡Esos cuernos serán mi delicia!

A Ford.
643. ¡Ten cuidado!
¡Tú por tus méritos mereces algún castigo!

FORD
Perdona. Riconosco i miei demeriti!

ALICE
Ma guai se ancor ti coglie
quella mania feroce
di cercar dentro il guscio d'una noce
l'amante di tua moglie.
Ma il tempo stringe
e vuol fantasia lesta.

MEG
Affrettiam.

FENTON
Conceretiam la mascherata.

ALICE
Nannetta!

NANNETTA
Eccola qua!

ALICE
Sarai la Fata Regina delle Fate,
in bianca vesta
chiusa in candido vel, cinta di rose.

NANNETTA
E canterò parole armoniose.

ALICE
Tu la verde sarai Ninfa silvana
e la comare Quickly una befana.

NANNETTA
A meraviglia!

ALICE
Avrò con me dei putti
che fingeran folletti
e spiritelli e diavoletti
e pipistrelli e farfarelli.
Su Falstaff camuffato in manto e corni
ci scaglieremo tutti.

MEG, NANNETTA, FENTON
Tutti! tutti!

644. Perdóname. ¡Reconozco mis faltas!

645. Pero cuidado, si otra vez te prende
esa manía feroz
de buscar dentro de una cáscara de nuez
al amante de tu mujer.
El tiempo apremia
y queremos realizar la fantasía.

646. Apresúrense.

647. Arreglemos la mascarada.

648. ¡Nannetta!

649. ¡Aquí estoy!

A Nannetta.
650. Serás el Hada Reina de las Hadas,
en blanca vestimenta
con un cándido velo y corona de rosas.

651. Y cantaré palabras armoniosas.

A Meg.
652. Tú serás la Ninfa Verde
y la amiga Quickly, una maga.

Llega la noche.

653. ¡De maravilla!

654. Tendré conmigo a los niños
que fingirán ser duendes
y espíritus y diablillos
y murciélagos y demonios.
Todos caeremos sobre Falstaff con su capa
y sus cuernos.

655. ¡Todos! ¡Todos!

ALICE
...E lo tempesteremo
finch'abbia confessata la sua perversità.
Poi ci smascheremo
E pria che il del raggiorni
la giuliva brigata se ne ritornerà.

MEG
Vien sera. Rincasiam.

ALICE
L'appuntamento è alla quercia di Heme.

FENTON
È inteso.

NANNETTA
A meraviglia!
Oh! Che allegro spavento!

ALICE, NANNETTA, FENTON
Addio.

ALICE
Provvedi le lanterne.

656. ...Y lo atormentarnos
hasta que haya confesado su perversidad.
Después nos desenmascaramos
y antes de que amanezca
la alegre brigada regresará a casa.

657. Viene la noche. Volvamos a casa.

658. La cita es en el roble de Heme.

659. Entendido.

660. ¡De maravilla!
¡Oh! ¡Qué susto tan alegre!

661. Adiós.

A Meg.
662. Traes las linternas.

Alice, Nannetta y Fenton se van mientras Quickly sale de la taberna ella mira
a Ford y a Cajus que platican y se detiene a escuchar.

FORD
Non dubitar, tu sposerai mia figlia.
Rammenti bene il suo travestimento?

DR CAJUS
Cinta di rose, il vel bianco e la vesta.

ALICE
Non ti scordar le maschere.

MEG
No certo. Nè tu le raganelle!

FORD
Io già disposi la rete mia,
Sul finir della festa
verrete a me col volto ricoperto
essa da un vel, tu da un mantel fratesco
e vi benedirò come due sposi.

DR CAJUS
Siam d'accordo.

663. No lo dudes, tú desposaras a mi hija.
¿Recuerdas bien cómo estará vestida?

664. Guirnalda de rosas, velo y vestido blancos.

665. No olvides las máscaras.

666. Ciertamente no. ¡Ni tú las matracas!

667. Yo ya dispuse mi red,
Al término de la fiesta
vendrán con el rostro cubierto
ella con un velo y tú con capucha de monje
y los bendeciré como marido y mujer.

668. Estamos de acuerdo.

Sale.

QUICKLY
Stai fresco!
Nannetta! Ohè Nannetta! Ohè!

669. ¡Vas a ver!
¡Nannetta! ¡Hey Nannetta! ¡Hey!

NANNETTA
Che c'è? Chè c'è?

670. ¿Qué pasa?

QUICKLY
Prepara la canzone della Fata.

671. Prepara la canción del Hada.

NANNETTA
È preparata.

672. Está preparada.

ALICE
Tu, non tardar.

673. Tú, no te tardes.

QUICKLY
Chi prima arriva, aspetta.

674. Quien llegue primero, que espere.

Ha caldo la noche.

SEGUNDA PARTE.

En el Parque de Windsor. En medio del escenario el roble de Heme, al fondo el borde de una fosa.
Muchos arbustos, plantas floreciendo. Es de noche, aparece la luna. A lo lejos los gritos de los guardabosques.

FENTON
Dal labbro il canto estasiato vola
pei silenzio notturni, e va lontano
e alfin ritrova un altro labbro umano
che gli risponde colla sua parola.
Allor la notte che non è più sola
vibra di gioia in un accordo arcano,
e innamorando l'aer antelucano
come altra voce al suo fonte rivola.
Quivi ripigla suon, ma la sua cura
tende sempre ad unir chi lo disuna.
Così baciai la disiata bocca!
Bocca baciata non perde ventura.

675. De los labios vuela el canto extasiado
por silencio nocturno y se va lejos
y al fin re-encuentra a otros labios humanos
que le responde con sus palabras.
Entonces la nota que no está más sola
vibra de agria en un acorde secreto
y enamorando al aire matutino
con otra voz a su fuente regresa.
Aquí se repite el sonido, y tiende siempre
a unir a quien lo desune.
¡Así besaba a la deseada boca!
La boca besada no pierde encanto.

NANNETTA
Anzi rinnova come fa la luna.

Desde lejos.
676. Así renace como lo hace la luna.

FENTON
Ma il canto muor
nel bacio che lo tocca.

677. Pero el canto muere
en el beso que lo toca.

73

Llega Nannetta vestida como la Reina de las Hadas,
con ella está Alice con una capa en su brazo y una máscara en su mano.
Mrs Quickly usa una capa gris de bruja y un gran bonete y lleva en su mano una terrorífica máscara,
finalmente Meg, vestida en velos verdes usando una máscara.

ALICE
Nossignore! Tu indossa questa cappa.

A Fenton que abraza a Nannetta.
678. ¡No señor! Tú ponte ésta capa.

Poniéndole la capa negra.

FENTON
Chè vuol dir ciò?

679. ¿Para qué es?

NANNETTA
Lasciate fare.

680. Déjala que lo haga.

ALICE
Allacia.

Le dá una máscara a Fenton.
681. Póntela.

NANNETTA
È un fratice!
Sgusciato dalla Trappa.

682. ¡Es un fraile!
Escapado de la Trappa.

ALICE
Il tradimento che Ford ne minaccia
tornar deve in suo scorno
e in nostro aiuto.

683. La traición con que Ford me amenaza
debe volverse en su contra
y en nuestra ayuda.

FENTON
Spiegatevi.

684. Explícate.

ALICE
Ubbidisci presto e muto.
L'occasione come viene scappa.

Chi vestirai da finta sposa?

685. Obedece rápido y callado.
La ocasión así como viene, escapa.
A Quickly.
¿Quién se vestirá como la falsa esposa?

QUICKLY
Un gaio ladron nasuto
che abborre il dottor Cajus.

686. Un alegre vago narizón
que aborrece el doctor Cajus.

MEG
Ho nascosto i folletti lungo il fosso
Siam pronte.

687. Escondí a los duendes a lo largo del foso
Estamos listos.

ALICE
Zitto. Viene il pezzo grosso.

688. Silencio. Viene el gordo.

NANNETTA, ALICE, MEG, QUICKLY
Via, via, via, via!

689. ¡Vamos, vamos, vamos, vamos!

Todas corren. Falstaff aparece envuelto en una gran capa negra,
justo cuando suena la primera campanada de la media noche.
Sobre su frente porta un par de cuernos.

FALSTAFF
Una, due, tre quattro, cinque, sei,
sette botte,
otto, nove, dieci undici, dodici.
Mezzanotte.
Quest'è le quercia. Numi proteggetemi!
Giove! Tu per amor d'Europa
ti traformasti in bove,
portasti coma.
I Numi c'insegnan la modestia.
L'amore metamorfosa
un uomo in una bestia.

Odo un soave passo!

Alice! Amor ti chiama!

Vieni! l'amor m'infiamma!

ALICE
Sir John!

FALSTAFF
Sei la mia dama!

ALICE
O sfavillante amor!

FALSTAFF
Vieni! Già fremo e fervo!

ALICE
Sir John!

FALSTAFF
Sonno il tuo servo!
Sono il tuo cervo imbizzarrito.
Ed or povian tartufi,
rafani, finocchi!
E sian la mia pastura!
E amor trabocchi! Siam soli.

ALICE
No. Quella nella selva densa
mi segue Meg.

690.   Una, dos, tres, cuatro, cinco, seis,
siete campanadas,
ocho, nueve, diez, once, doce.
Media noche.
Este es el roble. ¡Dioses, protéjanme!
¡Júpiter! Tú por el amor de Europa
te transformaste en toro,
portaste cuernos.
Los dioses que enseñan la modestia.
El amor metamorfosea
un hombre en una bestia.
Escuchando.
¡Oigo un suave paso!
Alice aparece en el fondo.
¡Alice! ¡El amor te llama!
Acercándose a Alice.
¡Ven! ¡El amor me enciende!

691.   ¡Sir John!

692.   ¡Eres mi dama!

693.   ¡Oh ardiente amor!

694.   ¡Ven! ¡Estoy temblando y hiervo!

695.   ¡Sir John!

696.   ¡Soy tu siervo!
Soy tu ciervo desbocado.
¡Y ahora lloverán trufas,
rábanos, hinojos!
¡Y serán mi pastura!
¡Y el amor se desborda! Estamos solos.

697.   No. En aquella selva densa
me sigue Meg.

FALSTAFF
È doppia l'avventura!
Venga anche lei!
Squartatemi come un camoscio a mensa!
Sbranatemi!
Cupido alfin mi ricompensa!
Io t'amo, io t'amo, io t'amo!

698. ¡Es doble la aventura!
¡Déjala que venga!
¡Descuartízame como a un venado en la mesa!
¡Destrózame!
¡Cupido al fin me recompensa!
¡Te amo, te amo te amo!

MEG
Aiuto!

699. ¡Auxilio!

ALICE
Un grido! Ahimè!

700. ¡Un grito! ¡Cielos!

MEG
Vien la tregenda!

701. ¡Vienen los duendes!

ALICE
Ahimè! Fuggiamo!

702. ¡Vamos! ¡Huyamos!

FALSTAFF
Dove?

Asustado.
703. ¿En dónde?

ALICE
Il ciel perdoni al mio peccato!

Huyendo.
704. ¡Qué el cielo perdone mi pecado!

FALSTAFF
Il diavol non vuol ch'io sia dannato.

705. El diablo no quiere que yo sea maldecido.

Se aprieta atemorizado contra el roble.

NANNETTA
Ninfe! Elfi! Silfi! Doridi! Sirene!
L'astro degli incantesimi
in cielo è sorto.

Sorgete! Ombre serene!

706. ¡Ninfas! ¡Hadas! ¡Sílfides! ¡Druidas! ¡Sirenas!
El astro de los encantamientos,
ha salido en el cielo.
Aparece entre el follaje.
¡Surjan sombras serenas!

LAS HADAS
Ninfe! Silfi! Sirene!

707. ¡Ninfas! ¡Sílfides! ¡Sirenas!

FALSTAFF
Sono la Fate!
Chi le guarda è morto!

Se arroja al piso con la cara sobre la tierra.
708. ¡Son las Hadas!
¡Quien las mire muere!

Entra Nannetta como la Reina de las Hadas, con Alice y algunas niñas disfrazadas de hadas blancas y azules. Falstaff permanece inmovil en el piso.

ALICE
Ínoltriam.

709. Avancemos.

NANNETTA
Egli è là!

710. ¡Él está allà!

ALICE
Steso al suol.

711. Acostado en el piso.

NANNETTA
Lo confonde il terror.

712. Lo confunde el terror.

Todas avamzan cautelosamente.

LAS HADAS
Si nasconde.

713. Se esconde.

ALICE
Non ridiam!

714. ¡No riamos!

LAS HADAS
Non ridiam!

715. ¡No riamos!

NANNETTA
Tutte qui, dietro a me. Cominciam.

716. Todas aquí, detrás de mí. Comencemos.

LAS HADAS
Tocca a te.

717. Te toca.

Las pequeñas hadas forman un círculo alrededor de la reina.

LA REINA
Sul fil d'un soffio etesio
scorreta agili larve,
fra i rami un baglior cesio
d'alba lunare apparve.
Danzate! E il passo blando
misuri un blando suon,
le magiche accoppiando
carole alla canzon.

718. Sobre el filo de un soplo etéreo
corren ágiles fantasmas,
entre las ramas el brillo azul
del alba lunar aparece.
¡Dancen! Y sus pasos suaves
midan una tonada suave,
y únanse a la magia
de la canción.

LAS HADAS
La selva dorme e sperde
incenso ed ombra, e par
nell'aer denso un verde
asilo in fondo al mar.

719. La selva duerme y esparce
incienso y sombra, y aparece
en el aire denso un verde
asilo en el fondo del mar.

LA REINA
Erriam sotto la luna
scegliendo fior da fiore,
ogni corolla in core
porta la sua fortuna.

720. Vaguemos bajo la luna
escogiendo de flor en flor
todas las corolas en su corazón
llevan su propia fortuna.

LA REINA
Coi gigli e le viole
scriviam dè nomi arcani
dalle fatate mani
germoglino parole,
parole illuminate
di puro argento e d'or,
carmi e malie. Le Fate
hanno per cifre i fior.

(continuó)
Con lirios y violetas
escribamos nombres secretos
con nuestras manos encantadas
florecientes palabras,
palabras iluminadas
con plata pura y oro,
cantos y encantamientos. Las Hadas
tienen por letras a las flores.

LAS HADAS
Moviam ad una, ad una
sotto il lunare albor,
verso la quercia bruna
del nero Cacciator.

721. Movámonos una por una
bajo la luz de la luna,
hacia el obscuro roble
del negro Cazador.

LA REINA
Le Fatte hanno per cifre i fior.

722. Las Hadas tienen por letras a las flores.

LAS HADAS
Verso la quercia bruna
del nero Cacciator.

723. Hacia el obscuro roble
del negro Cazador.

Mientras cantan, las Hadas y la Reina caminan hacia el roble aparece Alice ahora usando una mascara,
Meg enmascarada vestida como ninfa del bosque Quickly como bruja.
Adelante de ellas va Bardolph envuelto en una capa roja sin máscara pero con un gorro
que le cubre la cara y Pistol disfrazado como sátiro, finalmente el Dr. Cajus en una capa gris,
sin máscara y Ford sin disfraz. Algunas gentes del pueblo en trajes fantásticos llegan en grupo,
atras de ellos llegan otros lugareños con linternas de diversos tipos.

BARDOLPH
Alto là!

Se tropieza con el cuerpode Falstaff.
724. ¡Alto!

PISTOL
Chi va là?

725. ¿Quién va?

FALSTAFF
Pietà!

726. ¡Piedad!

QUICKLY
C'è un uomo!

727. ¡Es un hombre!

ALICE, MEG, NANNETTA
C'è un uomo!

728. ¡Es un hombre!

CORO
Un uom!

729. ¡Un hombre!

FORD
Cornuto come un bue!

730. ¡Cornudo como un buey!

PISTOL
Rotondo come un pomo!

731. ¡Redondo como una manzana!

BARDOLPH
Grosso come una nave!

¡Grande como un barco!

732.

BARDOLPH, PISTOL
Alzati, olà!

Tocando a Falstaff con el pie.
733. ¡Hey, levántate!

FALSTAFF
Portatemi una grue! Non posso.

734. ¡Tráiganme una grúa! No puedo.

FORD
È troppo grave.

735. Es muy gordo.

QUICKLY
È corrotto!

736. ¡Es un corrupto!

CORO
È corrotto!

737. ¡Es un corrupto!

ALICE, MEG, NANNETTA
È impuro!

738. ¡Es impuro!

CORO
È impuro!

739. ¡Es impuro!

BARDOLPH
Si faccia lo scongiuro!

Gesticulando como un hechicero.
740. ¡Hagan señas contra el conjuro!

Alice lleva a Nannetta a un lado. Cajus corre buscando a alguien.
Fenton y Quickly esconden a Nannetta con sus cuerpos.

ALICE
Evita il tuo periglio.
Già el dottor Cajo ti cerca.

A Nannetta.
741. Evita el peligro.
Ya el doctor Cajus te busca.

NANNETTA
Troviamo un nascondiglio.

742. Encontremos un escondite.

Ella corre con Fenton hacia aíras cubierta por Alice y Quickly.

QUICKLY
Poi ternerete lesti al mio richiamo.

743. Después regresa de prisa cuando te llame.

BARDOLPH
Spiritelli! Folletti! Farfarelli! Vampiri!
Agili insetti del palude infernale!
Punzecchiatelo! Orticheggiatelo!
Martirizzatelo coi grifi aguzzi!

744. ¡Espíritus! ¡Duendes! ¡Gnomos! ¡Vampiros!
¡Agiles insectos del pantano infernal!
¡Púnzenlo! ¡Píquenlo!
¡Martirícenlo con garfios agudos!

Los duendes cercanos a Falstaff le pinchan los brazos
y las mejillas le golpean el abdomen con fuetes y le pican con ortigas.

FALSTAFF
Ahimè! Tu puzzi come una puzzola.

DUENDES
Ruzzola, ruzzola, ruzzola, ruzzola.
ruzzola, ruzzola, ruzzola, ruzzola.

ALICE, MEG. QUICKLY
Pizzica, pizzica, pizzica, stuzzica,
spizzica, spizzica, pungi, spilluzzica
pungi, spilluzzica, finch'egli abbai!

FALSTAFF
Ahi, ahi, ahi!

DUENDES Y DIABLILLOS
Scrolliam crepitaceli
scarandole, nacchere!
Di schizzi e di zacchere
quell'otre si macoli.
Meniam scorribandole,
danziamo la tresca
treschiamo le faràndole
sull'ampia ventresca.
Zanzàre es assilli
volate alla lizza
coi dardi e gli spilli!
Ch'ei crepi di stizza!
Ch'ei crepi di stizza!
ch'ei crepi! ch'ei crepi!

ALICE. MEG, QUICKLY
Pizzica, pizzica,
pizzica, stuzzica,
pungi, spilluzzica,
finch'egli abbai!

FALSTAFF
Ahi, ahi, ahi!

DUENDES
Cozzalo, aizzalo
dai piè al cocuzzolo!
Strozzalo, strizzalo!
Gli svampi l'uzzolo!
Pizzica, pizzica!
¡L'unghia rintuzzola!
Ruzzola, ruzzola, ruzzola, ruzzola!

A Bardolph.

745. ¡Cielos! Tú apestas como un zorrillo.

Molestando a Falstaff y rodándolo una y otra vez.

746. Rueda, rueda, rueda, rueda,
      rueda, rueda, rueda, rueda.

747. ¡Pincha, pincha, pincha, pellizca,
      pincha, pincha, pincha, pellizca,
      pellizca, pincha hasta que él aullé!

748. ¡Ay, ay, ay!

749. ¡Tronemos los petardos
      sonemos las castañuelas!
      Salpiquemos y rociemos
      a ese odre como lo merece.
      Corramos sobre él,
      dancemos la cuadrilla
      hagamos la faràndula
      sobre su amplia panza.
      ¡Que mosquitos y abejorros
      entren en la batalla
      con dardos y lo piquen!
      ¡Que lo pinchen!
      ¡Que lo pinchen!
      ¡Che lo pinchen, que lo pinchen!

750. ¡Pellizca, pellizca,
      pellizca, pica,
      muerde, pellizca,
      hasta que el aullé!

751. ¡Ay, ay, ay!

752. ¡Golpéalo, dale
      de los pies a la cabeza!
      ¡Destrózalo, hazlo trizas!
      ¡Hasta que pierda su lujuria!
      ¡Pellizca, pellizca!
      ¡Arráncale las uñas!
      ¡Ruédenlo, ruédenlo, ruédenlo, ruédenlo!

DIABLILLOS
Ch'ei crepi, ch'ei crepi,
ch'ei crepi di stizza!
Ruzzola, ruzzola!

753.   ¡Que se muera, que se muera,
que muera de rabieta!
¡Que ruede, que ruede!

FALSTAFF
Ahi, ahi, ahi!

754.   ¡Ay, ay, ay!

MUJERES
Pizzica, pizzica etc!

755.   ¡Pellizca, pellizca etc.!

DR CAJUS, FORD
Cialtron!

756.   ¡Vago!

BARDOLPH, PISTOL
Poltron! Ghiotton!

757.   ¡Holgazán! ¡Glotón!

HOMBRES
Pancion! Beon! Briccon!
In ginocchion!

758.   ¡Panzón! ¡Beodo! ¡Bribón!
¡Arrodíllate!

Lo levantan y lo obligan a arrodillarse.

FORD
Pancia ritronfia!

759.   ¡Panza hinchada!

ALICE
Guancia rigonfia!

760.   ¡Cachetes bofos!

BARDOLPH
Sconquassa-letti!

761.   ¡Aplastador de camas!

QUICKLY
Spacca farsetti!

762.   ¡Rompe-grietas!

PISTOL
Vuota-barili!

763.   ¡Rompe-toneles!

MEG
Sfonda-sedili!

764.   ¡Desfonda-sillas!

DR CAJUS
Sfianca-giumenti!

765.   ¡Rompe-jumentos!

FORD
Triplice mento!

766.   ¡Triple-papada!

**BARDOLPH, PISTOL, ALICE, MEG,
QUICKLY**
Di, che ti penti!

767.
¡Di que te arrepientes!

Bardolph toma el bastón de Quickly y lo golpea.

FALSTAFF
Ahi, ahi! Mi pento!

768. ¡Ay, ay! ¡Me arrepiento!

HOMBRES
Uom turbdolento!

769. ¡Hombre fraudulento!

ALICE, MEG, QUICKLY
Di'che ti penti!

770. ¡Di que te arrepientes!

FALSTAFF
Ahi, ahi, mi pento!

771. ¡Ay, ay, me arrepiento!

HOMBRES
Capron! Scroccon! Spaccon!

772. ¡Cabrón! ¡Tramposo! ¡Fanfarrón!

FALSTAFF
Perdon!

773. ¡Perdón!

BARDOLPH
Tu puti d'acquavite.

774. Hueles a aguardiente.

ALICE, MEG, QUICKLY
Domine fallo casto!

775. ¡Señor de la falsa castidad!

HOMBRES
Pancia ritronfia!

776. ¡Panza hinchada!

FALSTAFF
Ma salvagli l'addomine.

777. Pero salven a mi abdomen.

DUENDES
Pizzica, pizica, pizica!

778. ¡Pellizca, pellizca, pellizca!

ALICE, MEG, QUICKLY
Domine fallo guasto.

779. Impotente.

FALSTAFF
Ma salvagi l'addomine.

780. Pero salven mi abdomen.

ALICE, MEG, QUICKLY
Fallo punito domine!

781. ¡Señor, debes ser castigado!

FALSTAFF
Ma salvagi l'addomine.

782. Pero salven mí abdomen.

HOMBRES
Pancia ritronfia!
Globo d'impurità! Rispondi!

783. ¡Panza hinchada!
¡Globo de impureza! ¡Responde!

FALSTAFF
Ben mi stà!

784. ¡Me va bien!

HOMBRES
Monte d'obesità! Rispondi!

785. ¡Monte de obesidad! ¡Responde!

FALSTAFF
Ben mi stà.

786. Me va bien.

HOMBRE
Otre di malvasia! rispondi!

787. ¡Odre de maldad! ¡Responde!

FALSTAFF
Così sia.

788. Así sea.

BARDOLPH
Re dei panciuti!

789. ¡Rey de los panzones!

FALSTAFF
Va via, tu puti.

790. Vete, tu apestas.

BARDOLPH
Re dei cornuti!

791. ¡Rey de los cornudos!

FALSTAFF
Va via, tu puti.

792. Vete, tu apestas.

DR CAJUS, FORD, BARDOLPH, PISTOL
Furfanteria!

793. ¡Fanfarrón!

FALSTAFF
Ahi! Così sia.

794. ¡Ay! Así sea.

DR CAJUS, FORD, BARDOLPH, PISTOL
Furfanteria! Gagliofferia!

795. ¡Fanfarrón! ¡Bueno para nada!

BARDOLPH
Ed or che il diavolo ti porti via!

796. ¡Y ahora que te lleve el diablo!

Se le cae el capuchón.

FALSTAFF
Se levanta.
Nitro! Catrame! Solfo!
Riconosco Bardolfo!
Naso vermiglio! Naso bargiglio!
Puntuta lesina! Vampa di resina!
Salamandra! Ignis fatuus!
Vecchia alabarda! Stecca di sartore!
Schidion d'inferno! Aringa secca!
Vampiro! Basilisco!
Manigoldo! Ladrone!
Ho detto. E se mentisco
voglio che mi spacchi il cinturone!

797. ¡Nitro! ¡Alquitrán! ¡Azufre!
¡Reconozco a Bardolph!
¡Nariz roja! ¡Nariz de pescado!
¡Punzón puntiagudo! ¡Vela de resina!
¡Salamandra! ¡Fuego fatuo!
¡Vieja albarda! ¡Punzón de sastre!
¡Asador del infierno! ¡Arenque seco!
¡Vampiro! ¡Lagartija!
¡Maldito! ¡Ladrón!
He dicho. ¡Y si he mentido
quiero que me estalle el cinturón!

TODOS
Bravo!

798. ¡Bravo!

FALSTAFF
Un poco di pausa. Sono stanco.

799. Una pausa. Estoy cansado.

QUICKLY
Vieni. Ti coprirò col velo bianco.

A Bardolph en voz baja.
800. Ven. Te cubriré con un velo blanco.

Nuevamente el Dr. Cajus comienza a buscar a Nannetta.
Quickly y Bardolph desaparecen entre los arboles.

FORD
Ed or, mentre vi passa la scalmana.
Sir John, dite il cornuto chi è?

A Falstaff.
801. Y ahora mientras te pasa el susto.
¿Sir John, de quien es el cornudo?

MEG. ALICE
Chi è? Chi è?

Quitándose las máscaras.
802. ¿Quién es? ¿Quién es?

ALICE
Vi siete fatto muto?

803. ¿Te has quedado mudo?

FALSTAFF
Ah! Caro signor Fontana!

A Ford.
804. ¡Ah! ¡Querido señor Fontana!

ALICE
Sbagliate nel saluto.
Quest'è Ford, mio marito.

805. Estás equivocando el saludo.
Este es Ford, mi marido.

QUICKLY
Cavaliero.

806. Caballero.

FALSTAFF
Reverenza.

807. Su Gracia.

QUICKLY
Voi credeste due donne
così grulle, così citrulle,
da darsi anima e corpo
all'Avversiero,
per un uom vecchio, sùdicio ed obeso.

808. Tú nos creíste dos mujeres
tontas y estúpidas,
que dañare alma y cuerpo
al diablo,
por un hombre viejo, sucio y obeso.

MEG, QUICKLY
Con quella testa calva.

809. Con esa cabeza calva.

ALICE, MEG, QUICKLY
E con quel peso!

810. ¡Y con ese peso!

FORD
Parliam chiaro.

811. Hablemos claro.

FALSTAFF
Incomincio ad accogermi
d'esser stato un somaro.

ALICE
Un cervo.

FORD
Un bue.

TODOS
Ah, ah!
È un mostro raro! Un cervo! Un buel!
Ah, ah!

FALSTAFF
Ogni sorta di gente dozzinale
mi beffa e se ne gloria,
pur, senza me, costor con tanta boria
non avrebbero un bricciolo di sale.
Son io che vi fa scaltri.
L'arguzia mia crea l'arguzia degli altri.

TODOS
Ma bravo!

FORD
Per gli dei!
Se non ridessi ti sconquasserei!
Ma basta.
Ed or vò che m'ascoltiate.
Coronerem la mascherata bella
cogli sponsali della Regina delle Fate.

El Dr. Cajus se adelanta con Bardolph,
vestido ahora como la Reina de las Hadas y con su rostro velado.
Ellos se toman de la mano, el Dr. Cajus aun lleva su máscara.

Già s'avanza la coppia degli sposi! Attenti!

TODOS
Attenti!

FORD
Eccola in bianca vesta,
col velo e il serto delle rose in testa
e il fidanzato suo ch'io le disposi.
Circondatela, o ninfe!

---

812. Comienzo a aceptar
el haber sido un asno.

813. Un ciervo.

814. Un buey.

815. ¡Ja, ja!
¡Es un monstruo raro! ¡Un ciervo! ¡Un buey!
¡Ja, ja!

816. Toda clase de gente común
se burla de mí y se vanagloria
pero sin mí, su arrogancia
no tendría ni una pizca de sal.
Soy yo quien los hace astutos.
La astucia mía, crea la astucia de otros.

817. ¡Bravo!

818. ¡Por los dioses!
¡Si no me riera, te aplastaría!
Pero basta.
Y ahora quiero que me escuches.
Coronemos la bella mascarada
con los esponsales de la Reina de las Hadas.

¡Ya se acerca la pareja de novios! ¡Atentos!

819. ¡Atentos!

820. Ahí la tienen en blanca vestimenta,
con su velo y la guirnalda de rosas en la frente
y al prometido que yo le escogí.
¡Rodéenlos oh ninfas!

El Dr. Canjus y Bardolph se colocan al centro. Las Hadas hacen un círculo en torno a ellos.
Introduce al círculo a Nannetta velada en azul y a Fenton enmascarado y envuelto en una capa.

ALICE
Un'altra coppia d'amanti desiosi
chiede d'esser ammessa
agli augurosi connubi!

821. ¡Otra pareja de amantes está deseosa
de ser admitida
en la auguraos ceremonia!

FORD
È sia. Farem la festa doppia.
Avvicinate i lumi.

822. Así sea. Haremos doble fiesta.
Acerquen las luces.

Los duendes y Alice se acercan con las linternas.

Il ciel v'accopia.
Giù le maschere e i veli.
Apoteosi!

El cielo los une en matrimonio.
Fuera máscaras y velos.
¡Apoteosis!

Fenton y Cajus se quitan las máscaras. Nannetta y Bardolph se quitan los velos.

TODOS   *Excepto Ford y Cajus.*
Ah, ah, ah, ah, ah!

823. ¡Ja, ja, ja, ja, ja!

DR CAJUS
Spavento!

824. ¡Horror!

FORD
Tradimento!

825. ¡Traición!

FALSTAFF, PISTOL, DUENDES
Apoteosi!

826. ¡La apoteosis!

FORD
Fenton con mia figlia!

827. ¡Fenton con mi hija!

DR CAJUS
Ho sposato Badolfo!

828. ¡Me he casado con Bardolph!

TODOS
Ah, ah!

829. ¡Ja, ja!

DR CAJUS
Spavento!

830. ¡Horror!

ALICE. MEG. QUICKLY
Vittoria!

831. ¡Victoria!

TODOS   *Excepto Cajus y Ford.*
Evviva! Evviva!

832. ¡Viva! ¡Viva!

FORD
Oh meraviglia!

833. ¡Qué maravilla!

ALICE
L'uom cade spesso nelle reti
ordite salle malizie sue.

834.

El hombre cae en las redes
tendidas por su propia malicia.

FALSTAFF
Caro buon Messer Ford,
ed ora, dite. Lo scornato chi è?

835.

Mi querido Señor Ford,
ahora diga. ¿Quién es el tonto?

FORD
Lui.

Señalando a Cajus.
836. El.

DR CAJUS
Tu.

Señalando a Ford.
837. Tu.

FORD
No.

838. No.

DR CAJUS
Si.

839. Si.

BARDOLPH
Voi.

Los señala a ambos.
840. Ustedes.

FENTON
Lor.

Señala a Ford y a Cajus.
841. Ellos.

DR CAJUS
Noi.

842. Nosotros.

FALSTAFF
Tutti e due.

843. Ambos.

ALICE
No, Tutti e tre.
Volgiti e mira quell'ansie leggiadre.

844.

Acercando a Falstaff a Cajus y Ford.
No. Los tres.
A Ford señalando a Nanneta y Fenton.
Voltea y mira esta alegre confusión.

NANNETTA
Perdonateci, padre.

845.

Perdónanos, padre.

FORD
Chi schivare non può la propria noia
l'accetti di buon grado.
Facciamo il parentado
e che il del vi dia gioia.

846.

Quicn no puede esquivar sus problemas
las acepta de buen grado.
Acepto el nuevo parentesco
y que el cielo les dé felicidad.

TODOS
Evviva!

847.

¡Viva!

FALSTAFF
Tutto nel mondo è burla.
L'uom è nato burlone.

848.

Todo en el mundo es burla.
El hombre nace burlón.

TODOS
Tutto nel mondo è burla
L'uom è nato burlone
nel suo cervello ciurla
sempre la sua ragione.
Tutti gabbati! Irride
l'un altro ogni mortal,
ma ride ben chi ride
la risata final.

849.   Todo en el mundo es burla
El hombre nace burlón
en su cerebro se agita
siempre su razón.
¡Todos se burlan! Ríen
de todos los mortales,
pero ríe bien quien ríe
la carcajada final.

FIN

Biografía de Giuseppe Verdi

Giuseppe Verdi nació en el seno de una familia muy modesta, el 10 de Octubre de 1813 en una pequeña población llamada Le Roncole perteneciente al Ducado de Parma en el norte de Italia, en ese entonces bajo el dominio de Napoleón.

Verdi contó desde muy joven con la protección de Antonio Barezzi, un comerciante de Busseto, pueblo vecino a Le Roncole, quien creyó en el potencial musical del joven. Gracias a su apoyo, Verdi pudo desplazarse a Milán con la intención de ingresar como estudiante al Conservatorio cosa que no logró debido a obstáculos burocráticos.

Durante 18 meses de la educación musical de Verdi, en Milán, quien se desempeñó en forma brillante como estudiante.

Sin embargo, por recomendación de Antonio Barezzi, el maestro Vincenzo Lavigna se hizo cargo durante 18 meses de la educación musical de Verdi, en Milán, quien se desempeñó en forma brillante como estudiante.

El 4 de Mayo de 1836, Verdi y Margherita, hija de Antonio Barezzi contrajeron nupcias, ambos tenían 23 años. El 23 de Marzo de 1837, Margherita dio a luz una niña que fue bautizada con el nombre de Virginia Maria Luigia.

En 1836, Verdi fue nombrado Maestro de Música de Busseto y un año después, en Milán, estrenó su primera ópera *Oberto Conte di San Bonifacio* que resultó todo un éxito y le procuró un contrato con el Teatro alla Scala. El 11 de Julio de 1836 nació el segundo hijo de Margherita, lo llamaron Icilio, Romano, Carlo, Antonio.

En 1840, comenzaron las desgracias en la vida de Verdi, primero enfermó su hijo y falleció, pocos días después, la niña también enfermó gravemente y murió y por último en los primeros días de Junio, Margherita contrajo la encefalitis y también falleció.

Todo esto sumió a Verdi en una profunda depresión que estuvo a punto de hacerlo abandonar su carrera musical. En esos días Ricordi su editor, le mostró el libreto de *Nabucco* que le devolvió su interés por la composición.

El 9 de Marzo de 1842 Verdi estrenó *Nabucco* en el Teatro alla Scala, el estreno constituyó un gran éxito y fue su consagración como compositor.

Durante los ensayos de *Nabucco*, Verdi conoció a Giuseppina Strepponi la protagonista de la ópera, que se convirtió en su pareja y con quien se casó en 1859 y vivió con ella hasta 1897 año en que ella murió.

Verdi escribió un total de 27 óperas, una misa de *Requiem*, un *Te Deum*, el *Himno de las Naciones*, obras para piano, para flauta, y otras obras sacras.

Verdi dejó su cuantiosa fortuna para el establecimiento de una casa de reposo para músicos jubilados que llevaría por nombre La Casa Verdi, en Milán que es en donde se encuentra enterrado junto con Giuseppina.

Verdi falleció en Milán, de un derrame cerebral el 27 de Enero de 1901 a los 88 años de edad. Su entierro causó una gran conmoción popular y al paso del cortejo fúnebre el público entonó el coro de los esclavos de *Nabucco* "*Va pensiero sull ali dorate.*"

Óperas de Verdi

Aida	*La Battaglia di Legnano*
Alzira	*La Forza del Destino*
Attila	*La Traviata*
Don Carlo	*Luisa Miller*
Ernani	*Macbeth*
Falstaff	*Nabucco*
Giovanna D'Arco	*Oberto Conte di San Bonifacio*
I Due Foscari	*Otello*
I Lombardi	*Rigoletto*
I Masnadieri	*Simon Boccanegra*
I Vespri Siciliani	*Stiffelio*
Il Corsaro	*Un Ballo in Maschera*
Il Re Lear	*Un Giorno de Regno*
Il Trovatore	

Acerca de Estas Traducciones

El Dr. Eduardo Enrique Prado Alcalá nació en 1937 en el norte de México, estudió la carrera de medicina y se especializó en cáncer ginecológico y cáncer de mama.

Ejerció su carrera durante 40 años y finalmente llegó a la edad del retiro.

Desde la edad de 42 años, se hizo aficionado a la ópera y a la música clásica y formó parte de un grupo de amigos aficionados a estas disciplinas. Tuvo la oportunidad de asistir a funciones operísticas en la Ciudad de México, en Guadalajara México, en Toluca México, en Mazatlán México, en Seattle, en Madrid y en Londres. Organizó en la Ciudad de Mazatlán tres conciertos de música clásica, uno de ellos en la catedral.

Jugum Press y Ópera en Español

Prensa publica estas traducciones de ópera por Dr. E.Enrique Prado:

Vincenzo Bellini:
Norma

Georges Bizet:
Carmen

Gaetano Donizetti:
Anna Bolena, Don Pasquale, Lucia di Lammermoor, Lucrezia Borgia

Ruggero Leoncavallo:
I Pagliacci

Pietro Mascagni:
Cavalleria Rusticana

Wolfgang Amadeus Mozart:
Die Zauberflöte, Don Giovanni, Le Nozze di Figaro

Giacomo Puccini:
La Boheme, La Fanciulla del West, Madama Butterfly, Manon Lescaut, Tosca
El Tríptico: Gianni Schicchi, Suor Angelica, Il Tabarro

Giacchino Rossini:
Il Barbiere Di Siviglia, La Cenerentola

Giuseppe Verdi:
Aida, Un Ballo in Maschera, Don Carlo, Ernani, Falstaff, La Forza del Destino, I Lombardi, Macbeth, Nabucco, Otello, Rigoletto, Simon Boccanegra, La Traviata, Il Trovatore

Para información y disponibilidad, por favor vea
www.operaenespanol.com
Correo: JugumPress@outlook.com
Síganos en Twitter: @jugumpress
Regístrate para nuestras noticias: http://eepurl.com/5m7tj

www.ingramcontent.com/pod-product-compliance
Lightning Source LLC
Chambersburg PA
CBHW081258040426
42452CB00014B/2555